MESSAGES pour la Vie

MOHAMMED SANOGO

MESSAGES *pour la* Vie

31 Dévotions quotidiennes pour Cheminer vers l'Intimité avec Dieu à Travers le Tabernacle

Les passages bibliques utilisés dans ce livre sont extraits de la version Louis Segond 1910, sauf indiqué.

MESSAGES POUR LA VIE, N°6

Copyright © Juin 2019 Mohammed SANOGO

Edité en République Démocratique du Congo par :
ECKI Publications
Email : eckipub@gmail.com

Distribution assurée par **Vases d'Honneur Collection**
28 BP 1653 Abidjan 28
Côte d'Ivoire/Afrique de l'Ouest
Téléphone : +225 22 41 29 80
Site web : www.vasesdhonneur.org

Couverture et mise en page : ECKI Publications

Dépôt légal : 34.5.2019.089

Tous droits de traduction, de reproduction et d'adaptation réservés pour tous pays. A l'exception des analyses et citations courtes. Toute exploitation même partielle de ce livre est interdite sans l'autorisation de l'auteur.

MES OBJECTIFS PRIORITAIRES DU MOIS

Ecris-les   ici Evaluation

AVANT-PROPOS

Extraordinaire ! Tu es sur le point de révolutionner ta vie quoti-dienne au travers du dévotionnel «**Messages pour la vie**». Des messages choisis et pertinents pour t'accompagner et t'inspirer dans tes moments de dévotion avec Dieu. En effet, il n'y a pas un seul moment de la journée qui soit aussi bénéfique que le temps passé dans la présence du Seigneur.

Quelqu'un a dit : «L'Evangile amène l'homme à Dieu ; et les dévo-tions le maintiennent près de Lui.» Et à la Bible de rappe-ler ceci : *«Approchez-vous de Dieu et Il s'approchera de vous.»*

Si chaque jour tu recherches une relation plus étroite avec Dieu, au travers de la prière et de Sa Parole, tu te rendras compte qu'Il se rapprochera da-vantage de toi. Ainsi donc, le but de ce livre est de t'attirer près du cœur de Dieu. En appréciant Sa douce pré-sence, ta vie sera irradiée de Sa gloire et plus que jamais tu ne reste-ras la même personne !

Lis ce livre chaque jour tout au long d'un mois et découvre combien il peut t'aider à appliquer la pensée de Dieu et Ses direc-tives dans ta vie quoti-dienne. Aussi, tu apprendras des vérités qui te permettront de connaitre davantage le Seigneur et de rester en connexion avec Lui.

Bonne lecture et que Dieu te bénisse !

Pasteur Mohammed SANOGO

COMMENT UTILISER CE LIVRE ?

🌱 Messages pour la Vie est une collection de 365 dévotions quotidiennes publiées en 12 ouvrages différents. Soit un aspect important de ta vie spirituelle y est abordé durant un mois ou même plus.

🌱 Avec une lecture progressive et complète des tous les 12 ouvrages, tu acquerras des vertus qu'il faut pour accomplir ta destinée et plaire au Seigneur.

🌱 Chaque ouvrage compte environ 31 dévotions, soit un ouvrage par mois et une dévotion par jour. Ainsi, grâce à la méditation et à la prière, tu progresseras chaque jour dans ton intimité avec Dieu et dans ton service pour Lui.

🌱 Lis attentivement le message qui t'est proposé pour chaque jour. À la fin de celui-ci, nous te proposons une action du jour, qui est éga-lement un sujet de prière. En priant, fais-le avec foi et cela produira des résultats dans ta vie.

🌱 Pour t'aider à lire la Bible entière, nous avons développé deux plans de lecture, l'un pour une année et l'autre pour 2 ans. À toi de choisir le plan qui te convient.

🌱 Le plan de lecture de la Bible en 1 année a été divisé en deux parties chaque jour : l'Ancien Testament le matin et le Nouveau Testament le soir.

🌱 Le plan de lecture de la Bible en 2 ans a été divisé également en deux parties chaque jour : tous les livres de la Bible le matin, sauf les livres de Psaumes et de Proverbes qui sont réservés pour le soir. Ce qui te permettra de lire ces deux livres quatre fois en deux ans.

❧Chaque mois tu es censé te fixer des objectifs prioritaires. C'est la raison pour laquelle nous t'avons proposé un espace pour écrire ces objectifs. Cela te permettra de mesurer ton succès dans l'accomplissement de ceux-ci.

❧A la fin de chaque semaine, nous t'avons fait un condensé des 7 messages que tu as lus toute la semaine en te proposant une phrase forte pour chacun de ces messages.

❧Après cela, tu trouveras 3 pages pour la prise de notes de prédications des tous les dimanches du mois. Ainsi tu pourras les archiver en ordre.

PRÉAMBULE

Dans ce dévotionnel, nous allons apprendre à évoluer dans les degrés d'intimité avec Christ. Et pour illustrer ces degrés, nous utiliserons le tabernacle que Dieu a révélé à Moïse, image du tabernacle céleste que Jésus, Lui-même, a traversé avant de s'assoir à la droite de Dieu (Hébreux 9 : 11).

Nous verrons qu'il y a en tout, 3 types d'évolution dans l'intimité avec Dieu :

1) Les différentes étapes d'évolution dans le service à Dieu : La première étape c'est « esclaves du diable », en-suite « proches du royaume », puis « serviteurs de Christ », ce qui est suivi de l'étape d'« ami de Christ », pour finir à l'étape du « règne avec le Christ ».

2) Les différents degrés d'identité en Christ : On part du statut d'ennemi de Dieu pour devenir enfant de Dieu, puis fils de Dieu et enfin Epouse de Christ.

3) Les degrés de profondeur dans nos temps de prière et d'adoration.
En parcourant ce dévotionnel, tu réaliseras que tu as déjà franchi quelques étapes, mais aussi tu travailleras à affermir tes acquis. De plus, tu te rendras compte des aspects sur lesquels il faut encore travailler avec détermination, afin de grandir dans l'intimité avec Dieu.

Demeure béni(e) et bonne méditation quotidienne dans ta progression vers l'intimité avec Dieu !

IMAGES DU TABERNACLE DE MOÏSE

a) Vue en Plan 3D

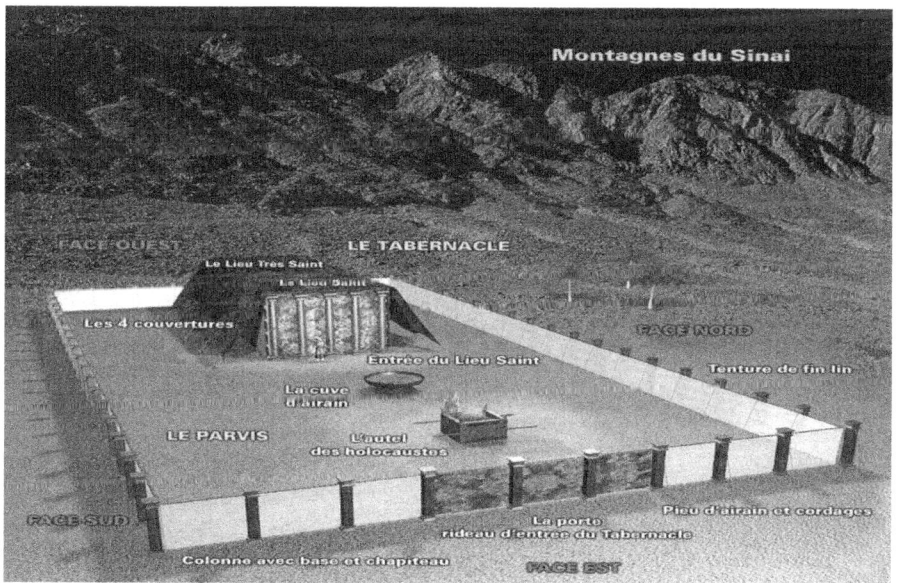

b) Vue de Plan

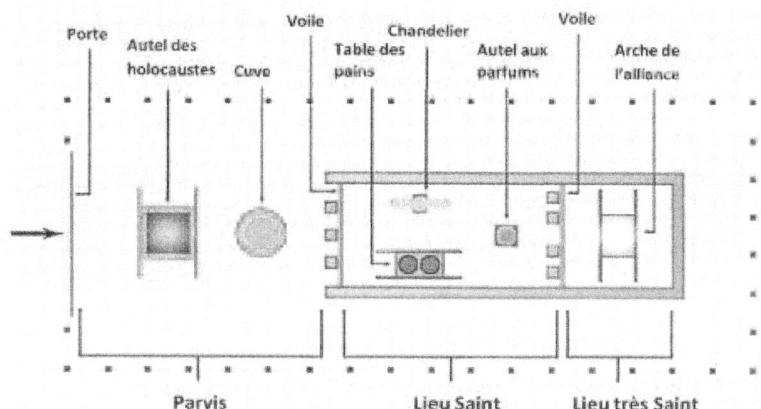

Jour 1

FAIS-TU PARTIE DES GENS DU DEHORS ?

« Ainsi donc, vous n'êtes plus des étrangers, ni des gens du dehors; mais vous êtes concitoyens des saints, gens de la maison de Dieu. » (Ephésiens 2 : 19)

Au dernier jour du précédent dévotionnel, je t'ai présenté le parcours du Tabernacle : du dehors vers le Saint des saints. À chaque niveau du parcours il y a des personnes positionnées.

La Bible appelle **« gens du dehors »,** ceux qui n'ont pas franchi la porte de la maison de Dieu ; qui n'ont pas Christ comme Seigneur et Sauveur, autrement dit, ceux qui ne sont pas sauvés. On distingue deux, voire trois catégories de **« gens du dehors »** : ceux qui sont loin de la cour appelée par-vis, et ceux qui sont proches du parvis. Parmi ces derniers on distingue aussi 2 groupes : Les chercheurs de Dieu et les esclaves.

Les gens qui sont loin du parvis ne sont rien d'autres que des païens. Il s'agit des personnes qui ne se soucient pas du salut, de Christ et quelques fois même de Dieu. Nous avons le devoir de leur annoncer la Bonne Nouvelle du royaume. La Bible est claire sur le genre de personnes qui ne seront pas sauvées. Ce sont celles qui n'ont pas encore laissé Christ en-trer dans leur vie. Bien que ce ne soit pas l'objet de ce livre, je voudrais m'arrêter un instant sur ce sujet. La Bible décrit quelques-unes d'entre les personnes non sauvées dans ce passage : « Ne vous y trompez pas: ni les impudiques, ni les idolâtres, ni les adultères, ni les efféminés, ni les infâmes, ni les voleurs, ni les cupides, ni les ivrognes, ni les outrageux, ni les ravisseurs, n'hériteront le royaume de Dieu. » (1 Corin-thiens 6 : 9)

Tu dois examiner ta vie, et être conscient que si tu te re-trouves dans l'une de ces catégories, c'est que tu n'es pas encore un véritable enfant de

Dieu. Même si tu viens à l'église, même si tu y es actif, tu es un « gens du dehors ». Tu n'auras point part à la gloire de Dieu. Tu as besoin de faire la paix vé-ritable avec Dieu en te repentant et en décidant de changer de vie. La Bible déclare : « Aujourd'hui, si vous entendez sa voix, N'endurcissez pas vos cœurs » (Hébreux 4 : 7b). Si ce n'est pas ton cas, si tu as franchi le seuil de la maison, alors bénis Dieu, prie diligemment et évangélise afin que soient sauvés les gens du dehors que tu connais.

ACTION DU JOUR : Je dois examiner ma vie, et identifier ma position par rapport au Tabernacle. Si je me retrouve dans l'une de ces catégories, alors, je ne suis pas encore un véritable enfant de Dieu. Je dois impérativement faire la paix avec Dieu. Dans le cas con-traire, je dois me soucier du salut de ceux qui sont en dehors du parvis.

À méditer : Matthieu 28 : 19-20 ; Esaïe 1: 18-202

Jour 2

LES GENS PROCHES DU PARVIS : LES CHERCHEURS DE DIEU

« ... Jésus, voyant qu'il avait répondu avec intelligence, lui dit: Tu n'es pas loin du royaume de Dieu. Et personne n'osa plus lui proposer des questions. » (Marc 12 : 34)

Durant le ministère de Jésus certaines personnes ont manifesté un intérêt particulier pour Lui et pour le Royaume de Dieu, mais ne s'y engageaient pas véritablement. Il s'agissait de personnes telles que Nicodème (Jean 3) et le scribe (Marc 12 : 28). Ces personnes n'étaient pas entrées dans le Royaume de Dieu, mais elles n'en étaient pas loin. De même que celles qui sont loin du parvis, ces personnes ont tout aussi besoin du salut.

Les gens proches du parvis, c'est le genre de personnes qui ne refusent pas les invitations aux programmes chrétiens, qui manifestent une curiosité (comme Nicodème) pour les choses du Seigneur mais qui, pour diverses raisons, ne s'engagent pas. Elles ne sont pas hypocrites, reconnaissent leur état mais sont bloquées dans leur élan pour se donner à Christ. Deux raisons principales justifient leur non-engagement : la peur et l'i-gnorance. Comment est-ce que l'ignorance les freine ? C'est par exemple le cas des per-sonnes telles que Corneille. Elles aiment Dieu, font même de grandes choses pour Lui. Mais leur ignorance en ce qui concerne le salut les maintient à l'extérieur du parvis. C'est par-lant d'eux que le Seigneur a dit : « ils périssent par manque de connaissance » (Osée 4 : 6). Si tel est ton cas, je prie que le voile qui t'empêche de connaître réellement le Seigneur tombe maintenant au nom de Jésus-Christ. Pour nous qui sommes véritablement en Christ, Dieu veut que nous luttions dans la prière afin que ceux qui sont encore voilés par Satan parviennent à la connaissance de Christ (2 Corinthiens 4 : 3).

Corneille cherchait Dieu, il était proche du parvis. Dieu dans sa grâce a envoyé l'apôtre Pierre vers lui pour qu'il lui explique l'Evangile et le conduise au salut. En effet, le plus souvent, le Seigneur conduit ces personnes à Lui d'une façon ou d'une autre. Si tu es dans cette situation, je te supplie de prendre la décision de marcher avec Christ, en priant qu'Il ouvre tes yeux et en L'invitant dans ton cœur, comme Seigneur et Sauveur. Je t'invite instamment à faire la prière que tu trouveras à la page 99 de cet ouvrage. Je suis convaincu que la suite de ce livre t'aidera à mieux connaître le Seigneur et à évoluer dans ta marche avec Lui.

ACTION DU JOUR ET PRIÈRE : Si je suis proche du parvis, je dois donner maintenant ma vie à Jésus et le recevoir comme mon Seigneur et mon Sauveur.

À méditer : Actes 10

Jour 3

LES GENS BLOQUÉS PAR LA PEUR

« Cependant, même parmi les chefs, plusieurs crurent en lui; mais, à cause des pharisiens, ils n'en faisaient pas l'aveu, dans la crainte d'être exclus de la synagogue Car ils aimèrent la gloire des hommes plus que la gloire de Dieu. » (Jean 12 : 42-43)

La peur des autres ou du « qu'en dira-t-on ? » est une arme ter-rible de l'ennemi qui maintient beaucoup de gens hors du parvis, donc hors du Seigneur. Cette « peur » a deux sources : **la chair et l'âme**. La peur de la chair émane des besoins de la chair : nourriture, vêtement, logement, plaisirs etc. Elle vient du désir de protection de la chair et de ses besoins.

Combien de personnes qui, connaissant la volonté de Dieu pour eux en ce qui concerne le salut, refusent de s'y engager parce qu'elles ont peur de perdre leur confort matériel ? Dans Matthieu 6 : 25-31, le Seigneur nous exhorte à ne pas nous inquiéter pour nos besoins physiques ou matériels. J'ai moi-même expérimenté la véracité de ce verset une multitude de fois. Je ne dis pas que tu ne connaîtras pas d'épreuves, si tu t'engages à suivre le Seigneur, mais je peux t'assurer que face à l'abandon des hommes, tu découvriras un Dieu qui prend soin de Ses enfants. La fidélité est l'une des qualités essentielles que Dieu aime manifester à l'égard de Ses enfants. Alors, ne laisse pas une quelconque inquiétude te priver de l'intimité avec Dieu. Sache-le : tôt ou tard, Dieu te mettra à l'épreuve pour t'apprendre à compter sur Sa fidélité; mais si à cause de Christ tu es amené à tout perdre, Lui prendra soin de toi. De toutes les manières, tu subiras des épreuves, que tu sois enfant de Dieu ou pas. Mais la question est de savoir si tu choisiras d'avoir la victoire garantie en Christ, ou l'incertitude d'une défaite probable sans Lui. N'écoute pas les mensonges du diable qui te fait croire qu'il est capable de t'offrir le vrai bonheur dont tu as besoin. Viens au Seigneur ! Tu auras de Lui non seulement un bonheur terrestre, mais aussi un bonheur éternel.

D'autres ont plutôt peur des représailles et mortifications physiques. Car leur conversion pourrait entraîner des agres-sions physiques, voire même leur mort. À ceux-là, voilà ce que dit le Seigneur. « Ne craignez pas ceux qui tuent le corps et qui ne peuvent tuer l'âme; craignez plutôt celui qui peut faire périr l'âme et le corps dans la géhenne. » (Matthieu 10 : 28)

La vie sur la terre est éphémère, tandis que l'éternité vient après la mort. C'est pourquoi, investis plus dans l'éternité que dans le temps présent. Si ta conversion devait entraîner ta mort, alors qu'il en soit ainsi ! Tu auras le privilège d'être au-près du Seigneur

ACTION DU JOUR : Je dois dire non à toute peur qui pourrait me laisser loin du Seigneur et me priver de Son intimité

À méditer : Matthieu 6 : 25-31

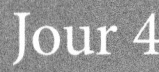

LES GENS BLOQUÉS PAR LA HONTE

« Car je n'ai point honte de l'Evangile : c'est une puissance de Dieu pour le salut de quiconque croit, du Juif premièrement, puis du Grec. »
(Romains 1 : 16)

La honte se définit comme une émotion pénible provoquée par une faute commise, par une humiliation ou par la crainte du déshonneur. La honte a ainsi plusieurs origines possibles. La première fois que la Bible nous parle de la honte c'est après qu'Adam et Eve aient péché. Ils ont pris conscience qu'ils étaient tous les deux nus et sont allés se cacher loin de Dieu. Ils se sont rendus compte qu'ils avaient perdu leur dignité.

La honte est une peur qui correspond à la peur de l'âme. Comme ce fut le cas avec Adam et Eve, la honte éloigne plusieurs personnes de Dieu et paralyse beaucoup d'individus dans leur désir de s'engager dans la foi chrétienne et les main-tient en dehors du parvis. Ces personnes sont conscientes de leur état spirituel, mais s'engager ouvertement pour Christ les effraie. Le fait d'aimer seulement Jésus dans son cœur n'est pas suffisant pour le salut. La Bible dit que pour recevoir le salut, il faut croire dans le cœur et confesser de la bouche. « Si tu confesses de ta bouche le Seigneur Jésus, et si tu crois dans ton cœur que Dieu l'a ressuscité des morts, tu seras sau-vé » (Romains 10 : 9). Jésus pouvait dire en parlant de ces personnes: « Celui qui aura honte de moi et de mes paroles, au milieu de cette génération adultère et pécheresse, le Fils de l'homme aura aussi honte de lui, quand il viendra dans la gloire de son Père, avec les saints anges. » (Marc 8 : 38)

Il faut maintenant prendre une décision. Si tu as réalisé que le Seigneur est bon et que tes yeux se sont ouverts, engages-toi maintenant. Jésus a encore dit : « Ne craignez pas ceux qui tuent le corps et qui ne peuvent tuer l'âme; craignez plutôt celui qui peut faire périr l'âme et le corps dans la géhenne » (Matthieu 10 : 28). Quitte maintenant l'extérieur du parvis pour entrer résolument dans le Tabernacle, dans le Royaume de Dieu, en donnant véritablement ta vie à Jésus. C'est le pé-ché qui invite la honte dans nos vies. Tu peux déjà être dans le parvis, c'est-à-dire, enfant de Dieu, mais à cause de cer-taines fautes ou erreurs, tu éprouves de la honte pour revenir auprès du Seigneur. Si tu es rongé par une forte culpabilité, sache que Dieu ne condamne jamais ceux qui reviennent vers Lui d'un cœur sincère. Si Christ n'a pas condamné la femme adultère, Il ne te condamne pas non plus. Refuse que la honte t'empêche de te repentir pour réactiver ta communion avec Dieu.

ACTION DU JOUR : Je ne dois pas permettre à la honte de m'empêcher de donner ma vie au Seigneur, ni de revenir vers Lui si je me suis éloi-gné(e) par le péché.

À méditer : Jean 8 : 1-11; Psaumes 51 :17

Jour 5

LES ESCLAVES RELIGIEUX

« Si donc le Fils vous affranchit, vous serez réellement libres. » (Jean 8 : 36)

Le deuxième groupe d'individus qui gravitent autour du parvis est appelé **le groupe des esclaves**. On les rencontre autour de la clôture extérieure du parvis et même dans le parvis ; entre le rideau d'entrée et l'autel des holocaustes. Le mot « esclave » désigne une personne qui est dépendante d'un maître (personne physique ou puissance immatérielle) ou même d'une pensée. L'esclave ne fait pas ce qu'il veut, il fait plutôt la volonté de celui ou de ce qui le domine.

Ces personnes sont les plus difficiles à détecter et, par con-séquent, les plus difficiles à amener au Seigneur. Elles fré-quentent généralement les églises, peuvent même manifester des charismes, occuper des postes de responsabilités, deve-nir même pasteurs, mais elles ne sont pas sauvées parce qu'elles refusent d'être véritablement libérées par le Seigneur. Ce sont « des gens du dehors » ou des gens qui ne sont pas passés par l'autel des holocaustes. On peut aussi distinguer deux sous-groupes d'esclaves : les religieux, et les pervers. Dans Jean 8 : 30-59, Jésus rencontre un groupe de Juifs qui, suite à Son message, décident de croire en Lui (verset 30). Alors, Jésus s'adressant à eux, leur fait comprendre que pour être Ses disciples, ils doivent demeurer dans Sa Parole. Le mot "demeurer" traduit une station permanente, une habita-tion dans la Parole de Dieu. C'est seulement à ce prix que ceux qui ont crû en Lui connaîtront la vérité (Jean 14 : 6) et que cette vérité les rendra libre. Autrement dit, le simple fait de croire en Jésus n'est pas suffisant pour rendre un homme libre, le fait de flirter, de « traverser ou visiter » la Parole de Dieu n'est pas encore suffisant pour rendre un homme libre ; il faut DEMEURER dans celle-ci.

Beaucoup de personnes pensent que la délivrance consiste seulement à chasser les démons. Le Seigneur m'a fait la grâce d'exercer régulièrement le ministère de délivrance pendant de longues années. J'ai vu d'innombrables personnes être libérées d'esprits mauvais, mais rester encore esclaves du diable. En effet, le diable régnant en eux du fait de leur **ignorance** de la Parole, leur manque de pratique de la Parole de Dieu, empêche leur véritable libération. La Bible appelle Satan le « prince des ténèbres »; le mot **ténèbres** signifie aussi ignorance, manque de lumière, manque de lucidité. Le diable règne lorsque les gens demeurent dans l'ignorance. Mais quand la lumière du Christ (connaissance du Christ) paraît, elle chasse systématiquement les ténèbres ; et donc le diable. Or cette lumière ne se manifeste que pour ceux qui demeurent dans la Parole de Dieu, c'est-à-dire, qui laissent Celle-ci les imprégner et qui marchent selon Elle.

ACTION DU JOUR : Je dois connaître la vérité de la Parole de Dieu afin d'être réel-lement libre en Christ

À méditer : Jean 8 : 30-59

Jour 6

ES-TU UN ESCLAVE RELIGIEUX ?

« Nous sommes la postérité d'Abraham, et nous ne fûmes ja-mais esclaves de personne; comment dis-tu: Vous deviendrez libres? » (Jean 8 : 33)

Ce passage est la réponse des juifs qui avaient cru en Jésus, après qu'Il leur ait dit qu'ils étaient encore esclaves. Le Seigneur va alors leur faire comprendre, tout au long de leur entretien, qu'ils sont esclaves de Satan malgré leur religiosité, malgré leur appartenance à la lignée d'Abraham et même malgré le fait qu'ils aient cru en Lui.

Ces gens, donc, croyaient en Jésus, sans vouloir Le laisser les délivrer de leurs liens. C'est la particularité de ceux qu'on nomme « esclaves ». Les esclaves religieux sont ceux qui sont esclaves de leur religion, ils n'adorent pas Dieu, mais leur religion. À cause d'elle, ils peuvent fournir l'effort de ne pas commettre de péchés évidents, ce qui leur donne une appa-rence de piété, certains aiment à passer beaucoup de temps dans le jeûne et adoptent des attitudes extérieures, quelques fois sincères, qui font penser à la piété. Ils ont très facilement une ascension dans leur système religieux, gravissant les échelons de leur congrégation. Ils sont très critiques, rejetant et se moquant des autres qui ne sont pas comme eux. Ils affirment haut et fort être les meilleurs, s'appuyant sur les exploits de leurs prédécesseurs. Ils s'imaginent que Dieu a un contrat exclusif avec eux, ils sont orgueilleux, hautains. Ils ignorent l'amour du prochain et sont prêts à « détruire » toute personne qui ne marche pas selon leur système religieux. Ils refusent de marcher suivant le mouvement de l'Esprit de Dieu, préférant suivre, selon eux, la voie qu'ont tracée leurs pères. Cependant, Jésus dit d'eux qu'ils ne sont pas les véritables fils de « leurs pères » ; qui eux, ont sûrement marché selon l'Esprit de Dieu.

Le Seigneur dit que l'esclave ne reste pas dans la maison (Jean 8 : 35). En effet, les esclaves religieux, se trouvant entre le rideau et l'autel des holocaustes, finissent toujours par partir ; et cela se manifeste, non pas seulement par le fait qu'ils abandonnent l'église, mais aussi et surtout par une rechute dans les vices abandonnés (adultère, mensonge, impudicité, orgueil, sorcellerie, magie etc.), ainsi qu'une hostilité envers les actions du Saint-Esprit. C'est en cela que, comme ces juifs du verset 59, ils lapident le Seigneur, en qui ils avaient cru. Mais bien sûr, ils se garderont de le faire connaître de peur d'être rejetés par le système.

ACTION DU JOUR : Si je ne sais pas être sincère envers moi-même et devant le Seigneur, je peux être un esclave religieux qui s'ignore.

À méditer : Colossiens 2 : 18-23 ; 2 Timothée 3 : 5-15

Jour 7

ES-TU UN ESCLAVE « PERVERS » ?

«… Ne vous y trompez pas : ni les impudiques, ni les idolâtres, ni les adultères, ni les efféminés, ni les infâmes, ni les voleurs, ni les cupides, ni les ivrognes, ni les outrageux, ni les ravis-seurs, n'hériteront le royaume de Dieu. » (1 Corinthiens 6 :9)

Comme les religieux, les esclaves « pervers » gravitent autour du parvis et se retrouvent, pour certains dans le parvis, toujours entre le rideau et l'autel des holocaustes. À la différence des religieux qui eux sont attachés aux systèmes religieux, les pervers, sont attachés à des vices, au péché. Sur beaucoup de points, ils ressemblent aux religieux. Ils fréquentent les églises, peuvent même y être très actifs et occuper des postes de responsabilité. Mais ils sont liés au péché, généralement aux péchés du sexe, de la magie et d'amour de l'argent qu'ils n'ont jamais abandonnés.

Contrairement aux religieux qui se croient dans la vérité et qui exposent leurs convictions, les pervers eux se cachent, car ils reconnaissent dans leur for intérieur que leurs œuvres sont mauvaises et contraires à la Parole de Dieu. Ils essaient de jouer aux spirituels, mais vivent dans la fausseté, la trom-perie, la débauche. Lorsqu'ils sont découverts, ils nient géné-ralement leur vie de péché. J'ai même rencontré plusieurs qui étaient prêts à invoquer le châtiment de Dieu sur eux-mêmes pour nier leur culpabilité, bien qu'ils se sachent fautifs. Ce sont des enfants du diable. Ils sont insensibles à la Parole de Dieu. Lorsqu'ils savent qu'ils ne peuvent plus nier leurs actes, ils font de fausses repentances, abandonnent l'église où ils ont été confondus, et partent dans d'autres communautés. Ils sont de véritables loups ravisseurs, se faisant passer pour des pieux. Ils gagnent facilement la confiance des saints, séduisent les personnes mal affermies pour leur soutirer de l'argent, ou les abuser sexuellement. Certains même sont en réalité plongés dans l'occultisme, et sont de véritables sorciers.

Leur problème, c'est qu'ils sont conscients de leur état, mais refusent de changer, de se convertir. Ils vont jusqu'à prêcher la sanctification, tandis qu'eux-mêmes vivent loin d'elle. Certains parmi eux aiment à s'approcher des personnes qui ont une certaine notoriété afin de s'en servir comme cou-vertures ou pour divers intérêts personnels. Ils peuvent être capables de grands actes de piété (longs jeûnes, manifestation de l'onction etc.). Les pervers sont très dangereux. Judas Isca-riot était de ceux-là. Les esclaves pervers sont des gens dont la repentance n'est pas sincère, et les péchés confessés finis-sent par reprendre le dessus

ACTION DU JOUR : Si je suis un esclave pervers, je dois me repentir dès mainte-nant, confesser mes vices à mon autorité spirituelle et chan-ger de voie pour vivre en nouveauté de vie. Si je suis un chré-tien authentique, je dois discerner et m'éloigner impérative-ment de tout esclave pervers.

À méditer : Actes 8 : 9-24

CE QUE JE DOIS RETENIR

POUR CETTE SEMAINE :

1. Les païens constituent le groupe de gens qui sont encore très loin du parvis.

2. Si je fréquente l'église sans m'engager sérieusement dans la foi chrétienne, il est possible que je sois hors du parvis et donc hors du royaume de Dieu.

3. La peur des autres, des critiques et de la souffrance est un obstacle qui peut m'empêcher de m'approcher du Sei-gneur pour devenir Son intime.

4. La honte est l'un des facteurs qui empêchent plusieurs personnes d'entrer dans le parvis.

5. Je suis un esclave religieux si je ne demeure pas dans la Parole de Dieu pour qu'elle m'affranchisse du péché dont je suis encore esclave.

6. Les esclaves religieux sont ceux qui sont esclaves de leur religion et qui ont l'apparence de la piété, alors qu'ils sont encore esclaves du péché.

7. Les esclaves pervers sont des gens dont la repentance n'est pas sincère, et qui retombent souvent dans les mêmes péchés.

NOTES

NOTES

NOTES

Jour 8

EXAMINE TON NIVEAU D'INTIMITÉ AVEC LE SEIGNEUR

« Sonde-moi, ô Dieu, et connais mon cœur ! ... Regarde si je suis sur une mauvaise voie, et conduis-moi sur la voie de l'éternité ! »
(Psaumes 139 : 23-24)

Si tu as déjà donné ta vie au Seigneur, tu n'es plus à l'extérieur du parvis. Cependant il est important que tu connaisses les étapes de la vie spirituelle de ceux qui ont plus ou moins une relation avec Christ. Imagine une voiture qui, représenterait ta vie, et que tu conduis toi-même. Tu te rends compte, à un moment, que tu n'es pas capable de la conduire à bon port et tu invites le conducteur approprié à venir prendre le contrôle du véhicule. Ce conducteur, c'est Jésus ; et tu viens ainsi de L'inviter à venir diriger ta vie.

Il y a plusieurs possibilités et attitudes qui se présentent à chacun de nous dans ce cas :

-       Certains (les esclaves), mettront Jésus dans le coffre et continueront à conduire eux-mêmes leurs propres vies. Et lorsqu'ils auront l'impression d'être perdus, ils ouvriront leur coffre pour prendre conseil auprès du Seigneur.

-       Les convertis, par contre, donneront à Christ la place du « patron », en le faisant asseoir sur le siège arrière. Mal-heureusement, Christ n'étant pas au volant, ils prendront la direction de leur désir, si la volonté de Dieu ne coïncide pas avec la leur. Quelques-uns demanderont au Seigneur d'occuper la place du co-pilote. Le Seigneur pourra donc recti-fier la direction, s'Il estime que le conducteur prend une mauvaise voie. Et pourtant là encore ce n'est pas suffisant, car en réalité ils ont toujours, eux-mêmes, plus de pouvoir sur la direction car ils gardent le contrôle sur le frein, l'accélérateur et l'embrayage.

- Le dernier groupe, ceux qui commencent à se laisser réellement conduire par Dieu (les gens du lieu saint). Ils lais-seront Christ au volant de leur vie en disant : « Seigneur prends-en vraiment le contrôle, con-duis-moi où tu veux ; même si je ne comprends pas, je Te suivrai, car Tu es le maître à bord ». Et encore, même à ce niveau d'abandon total entre les mains du Seigneur, les co-pilotes peuvent gêner l'action du Seigneur. Le mieux serait qu'ils aillent s'asseoir à l'arrière ou s'installer dans le coffre pour laisser toute la lati-tude à Christ. À ce niveau de soumission, lors-qu'on regardera la voiture, on ne dira plus c'est le véhicule d'un tel ou d'une telle, mais on dira c'est la voiture du Seigneur! Car ce n'est plus un tel qui vit mais c'est Christ.

ACTION DU JOUR : Je dois laisser à Christ le plein contrôle de la direction de ma vie.

À méditer : Galates 2 : 20

Jour 9

LES CHRÉTIENS DU PARVIS SONT FORCÉMENT IMMATURES

« Lorsque j'étais enfant, je parlais comme un enfant, je pensais comme un enfant, je raisonnais comme un enfant; ... » (1 Corinthiens 13 : 11)

Les chrétiens du parvis sont au premier niveau d'intimité avec Dieu. Quelle que soit leur position dans le parvis, ils ont la particularité d'être tous immatures. Voilà pourquoi il est judicieux de s'arrêter sur la notion de maturité spirituelle, afin de mieux comprendre l'attitude et la position de certains chrétiens ; en comparaison avec d'autres.

La notion de maturité est une notion que nous comprenons souvent mal. Il faut tout d'abord savoir qu'il y a plusieurs catégories d'enfants spirituels. Certains peuvent être plus jeunes et moins matures que d'autres ; tandis que d'autres peuvent sembler plus aguerris que les premiers cités. Le chrétien mature est celui-là qui a grandi dans sa relation avec Dieu et dans son engagement dans l'église. Ce n'est pas seulement celui qui ne pèche plus et qui a changé de vie, mais c'est celui qui a évolué réellement spirituellement. Quant aux chrétiens immatures, ils ont les caractéristiques suivantes :

1)   - Ils sont influencés par des esprits mauvais : malgré leur volonté de suivre et de servir le Seigneur, les chrétiens immatures sont encore influencés par des esprits mauvais (les liens d'hérédité, les esprits familiaux, les esprits qui agitaient leur vielle nature, etc.). «Repens-toi donc de ta méchanceté, et prie le Seigneur pour que la pensée de ton cœur te soit pardonnée, s'il est possible; car je vois que tu es dans un fiel amer et dans les liens de l'iniquité. » (Actes 8 : 22-23)

2)   - Ils sont influencés par la chair et ses désirs : les chrétiens immatures malgré leur conversion, sont fortement influencés par la jalousie, la

peur et l'esprit de concurrence. « Pour moi, frères, ce n'est pas comme à des hommes spirituels que j'ai pu vous parler, mais comme à des hommes charnels, comme à des enfants en Christ... » (1 Corinthiens 3 : 1)

Être enfant spirituel n'est pas une mauvaise chose tant que la personne est nouvellement convertie. Mais si, après un certain temps passé dans le Seigneur, un chrétien se comporte encore comme un enfant dans la foi, cela est anormal. Cela est semblable à une personne de 15 ans qui se comporte comme un enfant de 5 ans. Lorsque l'immaturité spirituelle devient chronique (une seconde nature) pour les anciens chrétiens, elle devient alors dangereuse.

ACTION DU JOUR : Je dois investir dans ma croissance spirituelle si je désire grandir dans mon intimité avec le Seigneur. C'est ainsi que je cesserai d'être un chrétien du parvis.

À méditer : Galates 4 : 1

Jour 10

CE QUE LA MATURITÉ SPIRITUELLE N'EST PAS

« Ce n'est pas l'âge qui procure la sagesse, Ce n'est pas la vieillesse qui rend capable de juger. » (Job 32 : 9)

La plupart des chrétiens prétendent être matures, alors que dans la réalité, ils sont encore immatures spirituellement. En effet, c'est parce qu'ils se méprennent sur deux aspects de la « ma-turité » : l'ancienneté et l'expérience. Ne commets pas l'erreur de penser que la maturité spirituelle est fonction de l'ancienneté dans l'église. C'est vrai, après un certain temps, un chrétien devrait logiquement devenir mature mais ce n'est malheureusement pas souvent le cas.

L'auteur de l'épître aux hébreux dit : « Vous, en effet, qui depuis longtemps devriez être des maîtres, vous avez en-core besoin qu'on vous enseigne les premiers rudiments des oracles de Dieu, vous en êtes venus à avoir besoin de lait et non d'une nourriture solide. Or, quiconque en est au lait n'a pas l'expérience de la parole de justice; car il est un enfant… » (Hébreux 5 : 12-14)

Ne commets pas non plus l'erreur de te méprendre sur « l'expérience », que la plupart des chrétiens confondent avec « la maturité ». En effet, si un nouveau converti manifeste du zèle, de la connaissance et prêche bien, pour la plupart, il est mature et donc fiable. Ce n'est pas forcé-ment vrai ! En ce qui concerne le choix des responsables de l'église, l'apô-tre Paul disait ceci : « Il ne faut pas qu'il soit un nouveau converti, de peur qu'enflé d'orgueil il ne tombe sous le jugement du diable » (1Timothée 3 : 6). L'attitude et le temps déterminent la maturité spirituelle. Si une personne passe du temps dans la maison de Dieu sans avoir la bonne attitude (comporte-ment, marche par l'Esprit, compréhension et mise en pratique de la Parole de Dieu), elle est encore un enfant dans la foi.

Une personne nouvellement convertie ne peut pas être ma-ture, elle peut avoir la bonne attitude, mais la maturité spirituelle vient aussi avec l'expérience, le fait de s'efforcer à demeurer dans le Seigneur et dans Sa volonté, à marcher suivant l'Esprit de Dieu ; et cela pendant un temps, produit dans le chrétien un discernement que ne peut avoir un néophyte (un enfant dans la foi). L'auteur de l'épître aux hébreux dit : «...Mais la nourriture solide est pour les hommes faits, pour ceux dont le jugement est exercé par l'usage à discerner ce qui est bien et ce qui est mal». Le mot « usage » peut-être aussi traduit par « habitude » ou « expérience » or l'expérience ne peut se faire que dans le temps.

ACTION DU JOUR : Je ne dois jamais confondre ma maturité spirituelle avec mes années dans la foi et mes expériences dans le service de Dieu

À méditer : Ephésiens 4 : 13-15

Jour 11

LES CHRÉTIENS DU PARVIS, DES SIMPLES ÉTRANGERS

« Nous faisons donc les fonctions d'ambassadeurs pour Christ, comme si Dieu exhortait par nous ; nous vous en supplions au nom de Christ : Soyez réconciliés avec Dieu ! » (2 Corinthiens 5 : 20)

Le tparvis n'était pas couvert. Il était donc exposé aux aléas cli-matiques (pluies, soleil, vents etc.) au même titre que toute la zone extérieure à l'édifice. En effet, les chrétiens du parvis peuvent connaître les mêmes problèmes que les gens du de-hors (difficultés sociales, etc.). Ce qui n'est pas le cas des chrétiens qui sont entrés dans la tente de la rencontre.

Tu conviens avec moi, que l'ambassadeur d'une grande na-tion n'est pas influencé par les problèmes économiques que traverse le pays dans lequel il est en mission. Par contre les compatriotes de cet ambassadeur qui sont installés de leur propre chef dans ce même pays pourront ressentir les difficultés que traverse ce pays. Les chrétiens du parvis sont semblables aux simples étrangers vivant dans un pays d'accueil (dans le monde) ; tandis que les chrétiens du lieu saint et du lieu très saint sont comme des ambassadeurs plénipotentiaires, ils sont couverts par leur pays d'origine. Leur situation économique et sociale est fonction de leur pays d'origine et non du pays d'accueil. Si tu désires vivre réelle-ment les avantages d'un ambassadeur du Royaume de Dieu sur la terre, tu dois grandir dans ton intimité avec Dieu, en quittant le Parvis pour aller vers le Lieu Saint. Pour rappel, le Parvis est le premier niveau d'intimité avec Dieu, c'est la première étape que doit traverser le « chercheur de Dieu ». C'est une zone transitoire. L'objectif du Seigneur, en ce lieu, est de te libérer lors de ton transit, des influences des dé-mons, du monde, de la chair et du « moi ». Ces choses, en effet, empêchent le chrétien d'être conduit efficacement par Dieu. Le Seigneur ne prend pas le contrôle total de ta vie dès le premier jour de ta conversion. C'est de manière progressive, avec ton assentiment, qu'Il commencera à régner sur chaque aspect de ton être.

On retrouve donc dans le parvis des enfants de Dieu, des chrétiens nés de nouveau, mais qui sont immatures; ce sont des « enfants dans la foi ». Les chrétiens du parvis sont à la première étape du cheminement vers Dieu. Car la véritable rencontre avec Dieu se produit au niveau du Lieu Saint dans « la tente de la rencontre ». Et lorsqu'on y arrive, on peut alors jouir des privilèges des ambassadeurs du Royaume de Dieu.

ACTION DU JOUR : Je décide de vivre sur la terre comme un ambassadeur du Royaume de Dieu et non comme un simple étranger sur la terre. D'où je refuse d'être un chrétien du Parvis.

À méditer : Psaumes 91 : 7

Jour 12

LES DIFFÉRENTES STATIONS DE TRANSIT DES CHRÉTIENS DU PARVIS

« Mais l'Éternel Dieu appela l'homme, et lui dit: Où es-tu? »
(Genèse 3 : 9)

La plupart de ceux qui sont dans le parvis sont des chrétiens. Les différentes positions de ceux-ci, dans le parvis, correspon-dent aux niveaux spirituels des chrétiens dits du parvis. Ain-si, un chrétien à l'autel des holocaustes n'a pas la même attitude et la même communion avec Dieu qu'un chrétien à la clôture du parvis. Plus un chrétien est proche de la clôture, plus il est charnel et attiré par le monde. Plus il est proche du tabernacle, plus il devient spirituel et mature.

Dans le parvis, il y a ceux qui ont une évolution normale vers le Lieu Saint, et ceux qui se complaisent dans la vie du Parvis. Ils ne se rendent pas compte que leur position est la cause de leur pauvreté spirituelle com-me le Seigneur pouvait le dire à l'église de Laodicée (Apocalypse 3 :17). Dans le Par-vis, il y avait deux ustensiles : l'autel des holocaustes et la cuve d'airain. Ces deux éléments étaient très saints (Exode 30 : 28-29). Dans un schéma normal, lorsqu'un enfant de Dieu décide de rencontrer le Seigneur après son engagement pour Christ (traversée du rideau d'en-trée), il doit passer par l'autel des holocaustes (qui travaillera sa conver-sion, sa délivrance et sa libération); puis par la cuve d'airain (destinée à le trans-former) pour entrer dans le Lieu Saint. Certains chrétiens refusent de traverser les étapes de renoncements que consti-tuent l'autel des holocaustes et la cuve d'airain. C'est la raison pour laquelle ils demeurent dans le Parvis. Dans ce dernier, il y a 7 positions possibles. Ces positions sont fonction de la relation que le chrétien du Parvis entretient avec la Parole de Dieu. Elles correspondent aux 7 types de chrétiens :

1. Les chrétiens entre le rideau d'entrée et l'autel des ho-locaustes ;

2. Les chrétiens de l'autel des holocaustes ;
3. Les chrétiens entre l'autel des holocaustes et la cuve d'airain ;
4. Les chrétiens de la clôture ;
5. Les doyens du Parvis ;
6. Les chrétiens qui déambulent dans le Parvis ;
7. Les chrétiens de la cuve d'airain.

Dans les messages qui suivent, j'aborde chaque position de façon plus détaillée ; et je crois bien que tu identifieras ta po-sition afin de saisir les conseils pour progresser dans ton in-timité avec Dieu.

ACTION DU JOUR : Si je suis un chrétien du Parvis, je dois y connaître ma posi-tion et me décider de grandir dans mon intimité avec Dieu.

À méditer : Deutéronome 1 : 6-7

Jour 13

LES CHRÉTIENS ENTRE LE RIDEAU D'ENTRÉE ET L'AUTEL DES HOLOCAUSTES

«Et il dit aux Juifs qui avaient cru en lui: Si vous demeurez dans ma parole, vous êtes vraiment mes disciples. » (Jean 8 : 31

Avec ses 4 couleurs à l'entrée du parvis, le rideau est le symbole de la rédemption totale accomplie par Christ : le pardon et la sanctification par le sang (rouge), l'espérance pour tous ceux qui croient (bleu) ; la pureté (blanc), et la manifestation du règne de Dieu (pourpre). Il est aussi le symbole de l'engagement du nouveau chrétien envers son Dieu. Ainsi, la personne qui traverse le rideau d'entrée du parvis est une personne en pleine mutation vers une nouvelle identité :

• **Le blanc** représente la pureté et la sainteté. À cette position, tu prends conscience de ton état de péché, confesse tes péchés à Christ et reçois le pardon et un cœur pur pour dé-sormais vivre une vie sainte, consacrée à Dieu.

• **Le bleu** parle de l'espérance chrétienne, socle de notre foi. Tu reçois l'espérance de la vie abondante et éternelle, ta foi se forge et désor-mais tu ne marches plus par la vue mais par la foi au Fils de Dieu.

• **Le rouge** ou cramoisi (couleur du sang, du sacrifice, de l'âme). Celui qui traverse le rideau sera aussi appelé à exercer le ministère de sacrificateur comme Christ : «Tu as fait d'eux un royaume et des sacrificateurs pour notre Dieu, et ils régneront sur la terre. » (Apocalypse 5 :10)

• **Le pourpre** (couleur royale) : celui qui traverse le rideau va aussi manifester le règne de Dieu. Tu règnes comme Christ. «Vous, au contraire, vous êtes une race élue, un sa-cerdoce royal, une nation sainte, un peuple acquis, afin que vous annonciez les vertus de celui qui vous a appelés des té-nèbres à son admirable lumière. » (1 Pierre 2 : 9)

Cette espérance donnée par le rideau d'entrée est assez ten-tante et attire beaucoup de personnes à faire le premier pas vers la conversion. Ils décident de croire en Jésus, comme ces juifs de Jean 8 : 31. En fait, dès qu'une personne décide de croire en Jésus, et se repent de ses péchés, elle est en train de passer du rideau d'entrée du Parvis, dans le monde spirituel. Cette démarche n'est pas encore la conversion (conversion signifie transformation) mais une décision. Et cette décision n'est que le début de la conversion. C'est pour cela que Jésus a demandé aux juifs dans Jean 8:31 de demeurer dans Sa Parole, après avoir cru, pour qu'Elle les libère et les transforme.

ACTION DU JOUR : Si j'ai déjà donné ma vie à Christ, c'est bien, mais si je ne de-meure pas dans Sa Parole, je ne suis pas encore Son disciple.

À méditer : Jean 15 : 6-8

Jour 14

ACCEPTE DE PASSER PAR L'AUTEL DES HOLOCAUSTES

« Rejetons tout fardeau, et le péché qui nous enveloppe si facilement, et courons avec persévérance dans la carrière qui nous est ouverte. »
(Hébreux 12 : 1b)

Lorsque nous donnons notre vie au Seigneur, comme nous l'avons dit et redit, nous entrons dans le parvis. Et il y a des promesses de Dieu rattachées à notre conversion. Cependant celles-ci ne se réaliseront pas aussi longtemps que nous ne passons pas par l'autel des holocaustes, puis par la cuve d'airain. L'autel des holocaustes fait peur à cause du feu qui s'y trouve. Mais ce feu a pour but de détruire le péché en nous.

Or la chose devient difficile pour les personnes qui sont vraiment attachés à certains vices. Elles sentent que leur vie va changer : plus de plaisir sexuel, plus d'entrée malhonnête d'argent, plus de virées nocturnes dans les lieux de perdi-tions comme les night-clubs, etc. Car ces choses représentent quelques fois, hélas, toute leur vie. Ces personnes répondent facilement aux appels, acceptent le Seigneur après des messages émouvants, mais refusent de changer de vie, d'abandonner leur vie passée. Pour certains, à peine sortis du lieu d'où ils viennent de prendre la décision (quelques fois avec larmes et lamentations), ils retournent dans leurs vieilles habitudes ; tandis que d'autres y retourneront dans un temps plus ou moins long, trouvant la conversion trop difficile. Ces gens refusent de laisser le feu de l'autel des holo-caustes accomplir son œuvre en eux. Ils continuent cepen-dant à fréquenter les églises, se prétendent même chrétiens et restent de ce fait coincés entre le rideau d'entrée et l'autel des holocaustes.

Si tu es à cette position et que tu persistes dans cette voie, en refusant de passer par l'autel des holocaustes, tu finiras par être un « esclave religieux ou pervers ».

Un autre groupe de personnes ira directement à l'autel des holocaustes, afin de laisser Christ consumer en elles le mal pour ensuite continuer leur voyage vers la cuve d'airain.

ACTION DU JOUR : Je décide de me libérer des péchés qui m'enveloppent si facilement, laissant le sacrifice de Christ à la croix accomplir son œuvre en moi avec l'aide du Saint-Esprit.

À méditer : Ephésiens 4 : 20-30

CE QUE JE DOIS RETENIR

POUR CETTE SEMAINE :

1. Christ ne doit pas être ni dans le coffre ni à l'arrière du véhicule de ma vie, ni même le copilote, mais le chauffeur qui dirige toute ma vie.

2. Si je ne grandis pas spirituellement, je resterai pour tou-jours un chrétien du parvis.

3. La maturité spirituelle n'est pas à confondre avec l'an-cienneté dans l'église ou dans la foi, ainsi qu'avec l'expé-rience dans le ministère.

4. Les chrétiens du parvis sont comme des simples étran-gers dans leur pays d'accueil et les chrétiens du lieu Saint, des ambassadeurs du Royaume de Dieu.

5. Dans le Parvis, il y a 7 positions possibles qui sont fonc-tion de la relation que le chrétien du Parvis entretient avec la Parole de Dieu.

6. Si je ne demeure pas dans la Parole de Dieu, je ne suis qu'un chrétien entre le rideau d'entrée et l'autel des holocaustes.

7. Je ne dois pas avoir peur du feu qui se trouve sur l'autel des holocaus-tes, car il est destiné à détruire le péché

NOTES

NOTES

NOTES

Le pasteur Mohammed Sanogo saluant chaleureusement les élèves et étudiants avant de commencer.

Le pasteur Lilliane Sanogo suivant le message du pasteur Mohammed Sanogo

Dans le cadre du Tour 931 à Korhogo, le Ministère Messages de Vie a organisé un séminaire pour le renforcement des capacités des élèves et étudiants de la ville.

Après l'intervention du professeur Koffi GNAGNE sur les stratégies pour être un modèle d'excellence, j'ai exposé les conséquences sur les relations sexuelles hors mariage.

En plus, je leur ai fait comprendre qu'ils sont des étoiles, et les étoiles ont besoin de ténèbres pour briller. Les ténèbres sont toutes les situations auxquelles ils peuvent être confrontés dans la vie pour leur faire perdre espoir. Ces situations sont là pour révéler tout ce que Dieu a mis en eux. Ils ne doivent pas se décourager mais s'appuyer sur le seul qui peut leur donner la force de tout surmonter, JESUS !

C'est dans une atmosphère chaleureuse que le Pasteur Alexandre AMAZOU a confié la vie de tous les élèves et les étudiants de la ville à Jésus.

Le pasteur Mohammed Sanogo expliquant aux élèves et étudiants la différence entre le succès et la réussite

Les élèves et étudiants écoutant attentivement le pasteur Mohammed Sanogo

Je suis reconnaissant pour tout ce que le Seigneur a fait durant ces 3 semaines de croisade dans l'extrême Nord de la Côte d'Ivoire et dernièrement à Korhogo ! Il fallait y être pour le vivre! Mais pour vous qui n'avez pas pu effectuer le déplacement je voudrais partager avec vous ce que le Seigneur a fait!

Korhogo étant la finale de cette 3ème vague, nous nous attendions à une forte opposition spirituelle, ce qui a été le cas! À notre arrivée, nous avons appris par des pasteurs dans les villages, qu'une sorte de coalition avait été organisée par les gardiens de masque des différents villages de la région. Comme vous le savez, cette région est connue pour son culte au masque Poro, animal représenté par un dragon à deux (2) têtes. Cet esprit sème l'obscurantisme et les pratiques mystiques dans la ville.

Malgré cette coalition satanique, toute l'équipe missionnaire a gardé le cap et nous avons procédé à notre marche prophétique comme nous le faisons dans chaque ville. Dès le début de notre première soirée de croisade, le Seigneur s'est glorifié et en plus du nombre impressionnant de personnes présentes, nous avons été témoins de près de 1000 personnes donnant leur vie au Seigneur Jésus et de plusieurs guérisons miraculeuses! Un des gardiens des masques Poro était même présent au stade et malgré leur tentative de déstabilisation avec la pluie qu'ils ont envoyée (cela faisait près de 3 mois qu'il ne pleuvait pas dans la ville), le Seigneur s'est puissamment glorifié, les populations ne sont pas parties, elles ont même loué le Seigneur Jésus sous la pluie!

Le lendemain, nous avons appris qu'une discordance était née dans leur coalition, la confusion s'était emparée de leur camp! Durant les 2 autres soirées, nous sommes allés de gloire en gloire! Près d'une centaine de personnes ont été miraculeusement guéries! Des sourds ont entendu, des paralytiques ont marché! Le vendredi soir devant le podium, plusieurs femmes ont jeté leurs béquilles et dansaient de joie devant le Seigneur, de nombreuses personnes auparavant sourdes ont entendu à nouveau! Dieu a étendu Sa main et le nom de Jésus qui est au-dessus de tous les noms a été glorifié! C'est près de 2500 personnes qui ont accepté Jésus comme Seigneur et Sauveur, renonçant ainsi aux cultes animistes! Je ne peux que bénir le nom de notre Dieu qui a été miséricordieux. Et je vous dis à très bientôt pour notre 4ème vague du Tour 931!

Pasteur Mohammed SANOGO

Jour 15

LES CHRÉTIENS DE L'AUTEL DES HOLOCAUSTES

« Ma parole n'est-elle pas comme un feu, dit l'Eternel, Et comme un marteau qui brise le roc ? » (Jérémie 23 : 29)

L'autel des holocaustes est le lieu où Christ nous transforme et nous libère de toutes les chaînes des démons et du péché. Dans Jérémie 23 : 29, le Seigneur compare Sa Parole à un feu et à un marteau qui brise le roc. C'est en effet ce qui se passe à l'autel des holocaustes : le feu de la Parole commence à rompre les diverses chaînes de captivité.

Certains chrétiens, après l'autel des holocaustes, préten-dent encore être liés par le péché et se sentent dominés par celui-ci. Supposons que Dieu t'apparaisse et t'informe que dès ta prochaine rechute dans le péché (fornication, impudicité, adultère, mensonge, vol, etc.), tu mourras sur le champ, pre-nons pour exemple pratique l'histoire d'Ananias et Saphira (Actes 5:1-10). Penses-tu que tu pourras toujours prétendre être lié par le péché ? Je crois plutôt que tu découvriras soudain en toi une énergie extraordinaire qui te donnera la force de vaincre toute tentation de pécher. Tu découvriras tout à coup que tu as été libéré! De nombreux chrétiens, lorsqu'ils arrivent à l'autel des holocaustes, ne laissent pas le feu de Dieu consumer totalement leurs maux. À peine deux ou trois premiers péchés sont consumés qu'ils sautent hors de l'autel, promettant de revenir plus tard. Promesse qu'ils ne respec-tent quasiment jamais. Quel dommage! Ces derniers forment le premier lot de chrétiens du parvis déambulant sans but dans le parvis.

A contrario, il existe aussi un type de chrétiens qui exagè-rent à l'autel des holocaustes. Le feu de l'autel a fini de con-sumer le péché en eux mais ils veulent à tout prix rester là. C'est un type de chrétiens à qui on n'arrive pas à faire comprendre que Dieu a pardonné leurs péchés. Ils sont absolu-ment convaincus qu'ils sont toujours pécheurs. Ces personnes sont convaincues que leurs péchés passés restent la cause des défis auxquels elles sont confrontées. 1 Jean 1 : 9 nous dit ceci : « Si nous confessons nos péchés, il est fidèle et juste pour nous les pardonner, et pour nous purifier de toute iniquité. »

ACTION DU JOUR : Je dois permettre au feu de la Parole de Dieu de consumer les péchés qui me dominent et refuser de vivre sous l'effet de la culpabilité.

À méditer : Esaïe 43 : 25

Jour 16

LES CHRÉTIENS-DOYENS DU PARVIS

« Ils m'obéissent au premier ordre, Les fils de l'étranger me flattent. »
(Psaumes 18 : 44)

Plusieurs chrétiens demeurent longtemps dans le Parvis parce qu'ils ne veulent pas obéir à Dieu. En effet, dans le Lieu Saint on ne discute pas, il y a un roi et ses serviteurs prêts à lui obéir. Le parvis est fait pour ceux qui veulent se gérer comme ils l'entendent. Ils viennent à l'église, mais ne sont pas plus in-times de Dieu que durant le temps passé au culte.

Lorsque tu es un chrétien du Lieu Saint, tu dois savoir que tu es devenu un véritable serviteur de Dieu. Dans la Bible, le mot serviteur est le même qu'esclave. Un esclave ou un servi-teur ne conteste pas les ordres de son maître. Supposons que tu as un serviteur et que tu lui demandes de te cuisiner des frites et du poulet pané, et que celui-ci te rétorque en disant qu'il pense qu'il faille plutôt faire des petits poids avec du steak saignant, parce qu'il ne supporte plus l'odeur des frites ni celle du poulet pané !

Ou encore, imagine que tu dois partir avant l'aube pour un voyage et que tu demandes à ton serviteur de se lever à 3h du matin pour repasser ton costume. Ce dernier te répond que vu qu'il a travaillé la veille jusqu'à 1h du matin, tu devrais demander ce service à l'un de tes enfants, qui lui a dormi toute la journée. Que feras-tu d'un tel employé ? Sûrement tu finiras par le renvoyer pour insoumission et insubordination !

Et pourtant, c'est ce que plusieurs ont l'habitude de faire à Dieu. Par exemple, lorsqu'Il te demande de te lever à 3h du matin et de prier jus-qu'au lever du jour par rapport à une si-tuation qui est en train de se dérouler, tu Lui rétorques que tu as travaillé jusqu'à minuit et que tu ne peux donc pas te lever à cette heure-là pour prier, et donc tu fixes ta propre heu-re de prière à 5h. Pour toi tu n'as pas péché puisque ce sont les mêmes su-jets que tu vas élever en prière. Prier à 3h ou à 5h quelle importance si la prière est faite? Mais vois-tu, la vo-lonté parfaite de Dieu était que tu pries à 3h. En priant à 5h, tu ne peux pas Lui être agréable.

Si tu te comportes régulièrement ainsi avec Dieu, même si tu étais entré dans le Lieu Saint, un ange viendra pour te sortir de là et te ramener dans le parvis. Car un chrétien qui n'est pas prêt à obéir au Seigneur sur toute la ligne ne peut demeurer dans le Lieu Saint. Voilà pourquoi la plupart des chrétiens font constamment des va-et-vient entre le Lieu Saint et le Parvis, car dans le Lieu Saint il n'y a pas de démocratie; il y a un roi qui ordonne et à qui on doit obéissance.

ACTION DU JOUR : Je dois obéir au Seigneur en faisant exactement ce qu'Il me demande, et cela sans discuter.

À méditer : 1 Samuel 15 : 22

Jour 17

FAMILIER OU INTIME DE DIEU ?

« Voici ma mère et mes frères. Quiconque fait la volonté de Dieu, celui-là est mon frère, ma sœur et ma mère. » (Marc 3 : 34)

Il y a une différence entre l'intimité et la familiarité. Les chrétiens du parvis font partie de ceux qui sont familiers avec Dieu. Ils se contentent de cela, sans fournir des efforts pour devenir Ses intimes. Dans la notion de familiarité on retrouve le principe de l'habitude tandis que dans celle de l'intimité avec Dieu on retrouve le principe de privilège.

À titre d'exemple, prenons le cas d'un président de la république. Ceux qui lui sont familiers, ce sont ses propres parents (sa femme, ses enfants, son père, sa mère, ses frères et sœurs). Ils savent juste que c'est lui le président mais ils peuvent se permettre des mots et des attitudes déplacés à son endroit. Ils peuvent même aller jusqu'à l'insulter, ou lui désobéir ouvertement. Ils le côtoient tellement au quotidien, ils sont tellement habitués à lui, qu'ils en arrivent quelques fois à ne plus le respecter. Quant à lui, il ne leur confierait certainement pas les secrets de la république.

Ceux qui sont des intimes du président, font partie de sa cour et lui font la cour. Ce sont souvent les notables, les hommes forts du pouvoir, triés pour la plupart parmi ses amis les plus sûrs. Ils savent bien que c'est un privilège et un honneur d'être aux côtés du président, et ils feront en sorte de ne pas perdre leur place. À eux, le président peut confier ses secrets les plus intimes. La scène de Marc 3 : 32-34 nous aide à comprendre que la familiarité de Marie et de ses frères avec Jésus, ne leur donnait aucun droit sur Lui. Par contre, Il se sentait plus proche de ceux qui "buvaient Ses paroles". La preuve comme disciples, Christ ne choisit aucun de Ses frères de sang, mais bien plutôt ceux qui étaient dans son entourage et qui s'intéressaient à Sa mission. Ces derniers avaient développé une véritable intimité avec Lui.

En définitif, les doyens du parvis sont à l'image des frères de sang de Jésus (juste sauvés par Son sang versé pour eux), mais les véritables amis de Jésus sont ceux qui seront allés plus loin dans leur relation avec Lui ; ceux qui ont, au moins, franchi le rideau du Lieu Saint. Les familiers de Dieu s'habituent juste à Lui, à Sa présence, mais ils veulent se gérer eux-mêmes. Ceux qui sont des intimes de Dieu reconnaissent au préalable Sa majesté, ils considèrent le privilège que Dieu leur accorde en les acceptant à Ses côtés et Le servent avec joie et abnégation. Etre de la famille de Dieu, c'est bien, mais devenir Son intime et Son confident, c'est encore mieux.

ACTION DU JOUR : Je ne dois pas permettre que ma familiarité avec Dieu soit un frein pour grandir dans mon intimité avec Lui.

À méditer : Marc 3 : 32-35

Jour 18

SOIS FLEXIBLE ENTRE LES MAINS DE DIEU

«Ne sois pas juste à l'excès, et ne te montre pas trop sage: pourquoi te détruirais-tu? »(Ecclésiaste 7 : 16)

Les chrétiens qui obéissent à Dieu sont des personnes flexibles entre Ses mains. C'est une bonne chose d'avoir des principes, des habitudes et d'être organisé ; mais il faut faire en sorte que ceux-ci ne constituent pas des handicaps pour obéir au Seigneur. En effet, Dieu veut que tes habitudes ne te contrôlent plus, mais plutôt que ce soit toi qui les contrôle.

Le manque de flexibilité empêche plusieurs chrétiens d'être de réels et puissants instruments entre les mains de Dieu. Les habitudes et l'organisation ne sont pas de mau-vaises choses en vérité; mais lorsqu'elles t'empêchent de faire la volonté de Dieu, il y a là un problème. Tu ne dois pas servir tes habitudes, celles-ci doivent plutôt te servir. Tu dois les utiliser pour faire avancer le règne de Dieu sur terre.

Si tu as encore des difficultés dans la gestion de tes habi-tudes, la cuve d'airain est l'endroit où Dieu te brisera là-dessus. Par exemple, si tu es quelqu'un de très ordonné et de très méticuleux, Dieu te suscitera une personne qui viendra instaurer du désordre dans ton environnement. En effet, tu tomberas sur quelqu'un qui sera ton antithèse. Si tu vis en ce moment même une telle situation, saches que tu es arrivé à la cuve d'airain. C'est là que Dieu te lavera et te purifiera de toi-même. Tes principes de vie ne doivent pas gérer tes réactions, c'est plutôt toi qui dois les contrôler.

Il y a un proverbe qui dit : « Heureux ceux qui sont flexibles, car ils ne seront pas cassés ». Ce proverbe vient renchérir notre passage biblique de base. Pour devenir flexible entre les mains de Dieu et pour éviter toute destruc-tion éventuelle, reconnais ton besoin de brisement et laisses l'œuvre de transformation de Christ s'opérer en toi à la cuve d'airain, afin que tu sois en mesure d'aider n'importe qui. S'il y a des gens que tu ne peux pas supporter à cause de leurs habitudes qui sont contraires aux tiennes, c'est que tu n'es pas encore ce que Dieu veut que tu sois : un gagneur d'âmes, une personne qui relève les autres : « Ainsi donc, comme des élus de Dieu, saints et bien-aimés, revêtez-vous d'entrailles de miséricorde, de bonté, d'humilité, de douceur, de patience. Supportez-vous les uns les autres, et, si l'un a sujet de se plaindre de l'autre, pardonnez-vous réciproquement. De même que Christ vous a pardonné, pardonnez-vous aussi.» (Colossiens 3 : 12-13)

ACTION DU JOUR : Je dois contrôler mes habitudes et non me laisser contrôler par elles.

À méditer : Matthieu 9 : 14-15 ; 15 : 2-3

Jour 19

LES CHRÉTIENS QUI DÉAMBULENT DANS LE PARVIS

« …Vous avez assez demeuré dans cette montagne. Tournez-vous, et partez… » (Deutéronome 1 : 6-7))

Dans le Parvis, se trouvent ceux qui font la volonté bonne de Dieu, dans le Lieu Saint, ceux qui font la volonté agréable de Dieu, et dans le Lieu très Saint, il y a ceux qui font la volonté par-faite de Dieu. Mais, même dans le Parvis, il y a des niveaux d'intimité et de relation avec Dieu.

Le Parvis est souvent ennuyeux pour ceux qui s'y trouvent depuis longtemps. Ils s'adonnent alors à des occupations qui ne sont pas forcément édifiantes pour un chrétien. Du coup, ils s'exposent même quelques fois au risque de retourner dans le monde, ce qui s'avère peut-être pour eux plus animé que le Parvis. En effet, après l'autel des holocaustes ceux qui ne veulent pas avancer errent dans le Parvis, ce sont la plu-part du temps, des anciens. Ils finissent par devenir des doyens du Parvis. Ces doyens du Parvis découragent, la plu-part du temps, ceux qui veulent aller plus loin avec le Seigneur. Ils sont dangereux pour les autres chrétiens et même pour les païens qui, au vu de leur attitude, de leur état (des personnes qui proclament Jésus, mais qui sont mauvaises, méchantes et sans réel amour pour les autres) n'ont aucune envie de se convertir, « si c'est pour devenir comme ces chré-tiens-là non merci!» disent-ils. Hormis les doyens, il y a ceux qui errent dans le Parvis sans aucun but. Ils ont juste accepté Jésus dans leur vie, mais ne se décident pas à aller plus loin. Souvent leur vie spirituelle est en dents-de-scie. Il y a enfin ceux qui sont arrivés à l'autel des holocaustes, mais qui fuient son feu à chaque fois que celui-ci les brûle un peu trop, et ceux qui sont arrivés à la cuve d'airain, mais qui ne veulent pas réellement laisser Jésus les conduire.

De manière générale, nous imitons ce que nous entendons et ce que nous voyons. Nous imitons également ceux ou celles qui sont nos idoles. Dans le parvis, nous entendons les bruits du dehors et certains d'entre les « parvisards » ont pour idoles des personnes du dehors (stars, hommes politiques etc.) qui les influencent négativement. Malheureusement, ils agissent et vivent comme ces gens du dehors, ou comme leurs idoles. Dès qu'il y a une nouvelle mode ils courent se l'approprier. Aujourd'hui des pasteurs, et beaucoup de chantres sont dans le Parvis, et chantent des chants du Parvis. Ils tirent leur inspiration du monde. Ce n'est pas dramatique, mais je ne crois pas que Dieu et les anges épient et envient les choses du monde, au point de les amener dans le ciel.

PRIÈRE : Je ne dois pas me laisser influencer par le monde, sinon, je reste un chrétien qui déambule dans le parvis.

À méditer : 2 Pierre 2 : 22 ; Proverbes 26 : 11

Jour 20

LE DANGER QUI GUETTE LES CHRÉTIENS DU PARVIS

«Mais le parvis extérieur du temple, laisse-le en dehors, et ne le mesure pas; car il a été donné aux nations, et elles fouleront aux pieds la ville sainte pendant quarante-deux mois.» (Apocalypse 11 : 2)

Ses chrétiens du Parvis ont rarement l'occasion de discuter avec le Seigneur ou de jouir des bienfaits de Sa présence, car Il visite le Parvis de manière sporadique. Si tu es un chrétien du parvis, j'ai une mauvaise nouvelle pour toi : tu seras livré aux nations païennes. Ce que la Bible a annoncé dans Apocalypse 11 : 2 est en train de se produire. Nous sommes dans les temps où la majeure partie de ceux qui sont dans le Parvis sont exposés au risque de voir la main de Dieu s'éloigner d'eux. Il est écrit que dans les derniers jours, il y aura des temps difficiles. Et c'est vrai ! Notre monde devient de plus en plus difficile et compliqué.

La plupart des gens éprouvent des difficultés pour réussir dans la vie, pour avoir de quoi nourrir leurs enfants et vivre normalement sans se compromettre. La tentation de se com-promettre est souvent grande pour les chrétiens qui n'arri-vent pas à s'en sortir parce que la main de Dieu n'est pas avec eux. Etant donné que les gens du Parvis ne sont pas exaucés pour toutes leurs requêtes, et qu'ils connaissent le stress et les pressions du monde, nombre d'entre eux vont être pous-sés à se relâcher et même à lâcher la main de Dieu. Ils pren-dront les raccourcis du monde, ils feront ce qui n'honore pas le Seigneur. Prenons l'exemple d'une sœur en Christ, une chrétienne du Parvis, qui a longtemps prié pour que Dieu lui donne un mari. Comme sa prière n'est pas exaucée, à un mo-ment donné, elle sera tentée d'épouser un inconverti et elle le fera. Alors, comme le monde devient de plus en plus perverti, les choses vont se compliquer pour elle dans son foyer.
Conformément à la Parole de Dieu, le Parvis sera livré au diable dans ces

derniers temps. Je te conjure donc de quitter le parvis. Accepte de progresser dans ta relation avec le Sei-gneur. Laisse l'autel des holocaustes consumer le péché en toi. Quand tu passes à l'autel des holocaustes, laisse Dieu te transformer. Pour ce faire, tu dois être honnête devant Lui pour reconnaître tes faiblesses et tes manquements. Ne fuis pas le feu qu'il y a sur l'autel des holocaustes; c'est là que Dieu nous éprouve et brûle tout ce que le diable a déposé en nous lorsque nous étions dans le monde.

PRIÈRE : Je dois cesser d'être un chrétien du Parvis afin de ne pas subir l'éloignement de la main divine de ma vie.

À méditer : Romains 12 : 1-2

Jour 21

LES CHRÉTIENS DE LA CUVE D'AIRAIN

« Il fit la cuve d'airain, avec sa base d'airain, en employant les miroirs des femmes qui s'assemblaient à l'entrée de la tente d'assignation. »
(Exode 38 : 8)

La partie la plus difficile de la traversée du tabernacle pour les chrétiens, surtout pour les plus zélés, c'est la cuve d'airain, parce que c'est là que Dieu œuvre à la transformation de notre caractère. À la cuve d'airain, Dieu "va te tuer ou détruire tout ce qui n'est pas de Lui en toi". Il t'enseignera à devenir le véritable serviteur de Dieu que tu seras dans le Lieu Saint. À la cuve d'airain, il fallait se laver les pieds et les mains. Exode 38 : 8 dit que la cuve avait été faite avec les miroirs des femmes. Ce qui veut dire que lorsque tu arrives à la cuve d'airain, tu commences à te voir tel que tu es ou à voir qui tu es réellement. Le miroir permet de t'identifier. Et la Parole de Dieu est le miroir par excellence. Que les hommes ne soient pas ton miroir, mais plutôt la Parole de Dieu, car elle est par-faite tandis que les hommes sont imparfaits. .

À l'autel des holocaustes, Dieu enlève les impuretés liées à ton caractère, Il t'apprend le renoncement à soi. Parce que si tu ne renonces pas à toi-même, le Saint Esprit ne pourra pas te conduire. À la cuve d'airain, c'est le moi que Dieu consume en toi. À la cuve d'airain Dieu va transformer ta personnalité. Dans ce processus de transformation, tu es confronté aux mi-roirs qui te montrent qui tu es. C'est là que tu découvriras à quel point tu es dirigé par tes émotions, ton caractère et tes habitudes, et combien ceux-ci sont susceptibles de t'empê-cher d'obéir à Dieu et d'être utilisé par Lui. Même ton éduca-tion peut empêcher l'Esprit de Dieu d'agir en toi et avec toi.

À la cuve d'airain, si ce que tu vois de toi dans les miroirs te répugne et te fait honte, alors sache qu'il est temps de te laver, afin d'être pur des mauvaises habitudes, émotions et mauvais caractères. Dieu brisera ces trois choses-là en toi. C'est généralement à cette étape de la cuve d'airain que nous traversons nos véritables déserts, parce que Dieu s'en sert pour nous débarrasser de mauvaises choses qui sont en nous. Lorsque le processus de transformation de la cuve d'airain commence, retient que les choses ne seront pas du tout facile. Là, à la cuve d'airain, tu auras le choix entre fuir ou laisser à Dieu le soin de travailler profondément ta personne. Je te prie par les compassions de Christ, fais un bon choix!

ACTION DU JOUR : Quoique pas facile, j'accepte de passer par la cuve d'airain en laissant à Dieu le choix des moyens qu'il faut pour transfor-mer mon caractère.

À méditer : Ephésiens 4 : 21-23

CE QUE JE DOIS RETENIR

POUR CETTE SEMAINE :

1. L'autel des holocaustes est le lieu où Christ nous affranchit et nous libère de toutes les chaînes des démons et du péché.

2. Si je ne veux pas devenir un chrétien-doyen du Parvis, je dois être prêt à obéir au Seigneur en toutes circonstances.

3. Les chrétiens du Parvis se contentent d'être de la famille de Dieu et ne fournissent pas d'efforts pour devenir Ses intimes.

4. Avoir des principes, des habitudes et être organisé n'est pas une mauvaise chose, mais ceux-ci ne doivent pas m'empêcher d'obéir au Seigneur.

5. Les chrétiens qui déambulent dans le Parvis sont ceux qui ont juste accepté Jésus dans leur vie, mais qui ne se décident pas à aller plus loin avec Lui.

6. Loin d'expérimenter la main de Dieu dans leurs moments difficiles, les chrétiens du Parvis sont susceptibles de se compromettre.

7. À la cuve d'airain, Dieu œuvre à l'intérieur de moi afin de transformer mon caractère à la ressemblance de Christ.

NOTES

NOTES

NOTES

Jour 22

LA CUVE D'AIRAIN ET LE RENONCEMENT À SOI

« ...Quelqu'un lui dit : Je te suivrai partout où tu iras. Jésus lui répondit : Les renards ont des tanières, et les oiseaux du ciel ont des nids ; mais le Fils de l'homme n'a pas où reposer sa tête. » (Luc 9 : 57-58)

Ce passage fait partie d'un récit dans lequel Jésus touche à trois aspects de notre «moi» qui doivent disparaître à la cuve d'airain. Il s'agit d'un entretien qu'Il a eu avec trois personnes différentes qui voulaient Le suivre. À la première personne, Il fait comprendre qu'il faut abandonner ses habitudes douil-lettes et aisées pour Le suivre. À la seconde personne, Il fait comprendre que pour Le suivre, il faut mettre le Royaume de Dieu avant tout et se détacher des choses de ce monde ; même celles qui nous semblent les plus légitimes ou les plus con-formes à nos usages et traditions.

À la troisième personne, il fait comprendre que pour Le suivre, il faut s'engager sans condition, sans regarder aux avantages, biens, positions ou personnes qu'on pourrait perdre. Il est vrai que toutes les habitudes ne sont pas mau-vaises et que le luxe n'est pas un péché. Il est aussi vrai que te conformer aux us et coutumes de ta communauté font de toi un homme ou une femme d'honneur et de valeur pour les tiens. Il est encore plus vrai que les bonnes choses de la vie ne sont pas forcément superflues dans ta marche chrétienne, mais lorsque tes habitudes, tes richesses ou tes émotions t'empêchent de faire la volonté de Dieu, cela constituera un frein quand tu seras dans le Lieu Saint, parce que Dieu ne pourra pas t'envoyer partout où Il veut ni t'utiliser comme Il veut. Que dis-tu par exemple de quelqu'un qui ne peut pas aller évangéliser les populations du fin fond de l'Amazonie à cause des moustiques ou autres bestioles? Que dire de quelqu'un qui refuse d'abandonner sa luxueuse demeure pour une case crasseuse d'un village pour les besoins d'une évangélisation? Etc.

Christ Lui-même est le modèle parfait du renoncement. Pour notre salut, Il a eu à renoncer à toute la gloire qu'Il avait au ciel. Il est né dans une étable, où il y avait des excréments et de l'urine d'animaux. Cette étable n'avait rien à voir avec les crèches bien pensées par l'imaginaire collectif que nous retrouvons dans les décorations de Noël. Le fils du Roi des rois est né dans un endroit dépourvu de tout confort. Si Christ a accepté de renoncer à Sa gloire pour nous sauver, sache qu'il y a des vies qui ne seront sauvées que si tu prends aussi l'engagement de renoncer à certaines choses. D'où l'importance de passer par la cuve d'airain et de te laisser transfor-mer par Dieu.

ACTION DU JOUR : Seigneur, je suis conscient de mes limites face au renonce-ment de soi. Je Te prie de me rendre capable d'y arriver, au nom de Jésus. Amen!

À méditer : Luc 9 : 57-62

Jour 23

LES CHRÉTIENS DU LIEU SAINT

« Je demande à l'Éternel une chose, que je désire ardemment: Je voudrais habiter toute ma vie dans la maison de l'Éternel, Pour contempler la magnificence de l'Éternel Et pour admirer son temple. » (Psaumes 27 : 4)

On ne peut pas devenir un chrétien du Lieu Saint sans passer par l'autel des holocaustes et par la cuve d'airain. Voilà pourquoi les chrétiens du Lieu Saint peuvent faire la différence au ni-veau de leur caractère, de leur éducation et de leur capacité à écouter et à obéir à la voix de Dieu. Lorsqu'on devient ce genre de chrétien, on commence vraiment à plaire au Sei-gneur, et par conséquent, on jouit facilement de Son intimité.

Quand tu entres dans le Lieu Saint, tu entends les anges chanter. L'adoration des chrétiens qui ont touché le Lieu Saint et leur inspiration viennent du trône. Jésus déclare : « En vérité, en vérité, je vous le dis, le Fils ne peut rien faire par lui-même, mais seulement ce qu'il voit faire au Père ; et tout ce que le Père fait, le Fils aussi le fait également » (Jean 5 : 19). Les chrétiens du Lieu Saint sont totalement passionnés de Christ et focalisés sur les choses du Royaume des cieux. Quand tu es dans le Lieu Saint, tu ne perçois même plus les choses de l'extérieur. Comme je le disais précédemment à propos du Parvis, de manière générale, nous imitons ce que nous entendons et ce que nous voyons. Nous imitons également ceux ou celles qui sont nos idoles. Dans le Parvis nous entendions les bruits du dehors, les chants du dehors et nous avions des idoles du dehors. Mais lorsque nous arrivons dans le Lieu Saint, nous ne faisons plus comme ceux du monde. Nous agissons comme Dieu le veut pour nous. Nous n'entendons et ne voyons que des choses du Lieu Saint et du Trône de Dieu. Notre idole principale demeure Jésus. Ainsi nous faisons de notre mieux pour Lui ressembler chaque jour. Et avec Jésus, nous avons aussi les Moïse, David, Daniel, Salomon, Abraham et autres illustres personnages de la Bible qui nous inspirent par leur niveau de consécration et d'inti-mité avec Dieu.

Les chrétiens du Lieu Saint jouissent de l'exaucement à 100% par Dieu à leurs prières. Ils peuvent facilement Le rencontrer, Lui demander de régler leurs problèmes, et Il le fera sans hésiter. Ma prière est que chaque chrétien arrive au moins dans le Lieu Saint. Les places des uns et des autres ne seront pas les mêmes au paradis. Certains auront besoin de jumelles pour voir Jésus, tandis que d'autres marcheront tout près de Lui. Tu dois aspirer et faire de ton mieux pour être de cette dernière catégorie. Et rien n'est impossible à celui qui croit!

ACTION DU JOUR : Si je ne vis pas les privilèges des chrétiens du Lieu Saint, il est probable que je sois encore un chrétien du parvis.

À méditer : Psaumes 27 : 5

Jour 24

LES CHRÉTIENS DU PARVIS VIVENT DANS LA DISTRACTION

«Que votre cœur ne se trouble point, et ne vous effrayez pas des bruits qui se répandront dans le pays ; Car cette année surviendra un bruit, Et l'année suivante un autre bruit, La violence régnera dans le pays, Et un dominateur s'élèvera contre un autre dominateur. » (Jérémie 51 : 46)

Lorsque quelqu'un entre en prière, sans le savoir il est en train de faire une entrée dans le tabernacle divin. Si tu veux prier efficace-ment, tu dois veiller à aller jusqu'au Lieu Saint. C'est là qu'on rencontre Dieu. Beaucoup se contentent de faire des prières du Parvis. Comme le Parvis est une cour non couverte, on peut facilement entendre les bruits des alentours ou les bruits du dehors.

Alors, lorsque tu es un chrétien du Parvis, tes prières se-ront aussi celles du Parvis. Tes prières seront remplies de distractions. Tu seras souvent troublé et tu manqueras de concentration nécessaire pour rentrer dans une intimité pro-fonde avec le Seigneur. Beaucoup de chrétiens se contentent de faire des prières du Parvis, des jeûnes du Parvis, des méditations du Parvis et ils n'ont pas accès à la révélation divine parce que le Saint-Esprit ne réside pas dans le Parvis mais plutôt dans le Lieu Saint. La distraction est l'un des dangers qui guettent les chrétiens du Parvis, à cause des bruits du de-hors. Et dehors, il y a toutes sortes de bruits! L'un des bruits du dehors, c'est l'ambiance mondaine. Lorsque tu es un chrétien du Parvis, parce tu n'as pas progressé dans ton intimité avec Dieu, tu risques d'être attiré par les bruits de la monda-nité : musique profane, boîte de nuits, etc. Ces choses vont te distraire et même t'influencer et t'emmener à avoir un pied en Christ et un pied dans le monde. Or lorsqu'on a un pied en Christ et un pied dans le monde, on a tous les deux pieds chez le diable. Un autre type de bruits du dehors, c'est les amuse-ments ou les divertissements. Je ne dis pas que c'est mal ou que c'est un péché de s'amuser, ou même de se divertir. Il faut savoir seulement que quand tu es un chrétien du Parvis, tu es naturellement influençable par le mal. Tu risques de ne pas avoir assez de temps pour t'investir dans ton intimité avec Dieu.

Quand on veut se brancher à la vie céleste et grandir dans l'intimité avec Dieu, on doit mettre de côté certaines occupa-tions vaines. L'apôtre Paul déclare : « Tout m'est permis, mais tout n'est pas utile; tout m'est permis, mais je ne me laisserai asservir par quoi que ce soit. » (1 Corinthiens 6 : 12)

ACTION DU JOUR : Il est temps pour moi de chercher le Seigneur pour grandir dans Son intimité. Plus de temps pour la distraction

À méditer : 2 Pierre 3 : 17-18

Jour 25

L'ONCTION N'EST PAS UN SIGNE DE L'INTIMITÉ AVEC DIEU

« Dieu est amour; et celui qui demeure dans l'amour demeure en Dieu, et Dieu demeure en lui. » (1 Jean 4 : 16b)

Lorsque Moïse a construit le tabernacle, Dieu lui a demandé de répandre sur tous les ustensiles l'huile d'onction qui est le symbole du Saint-Esprit. Il s'agit des ustensiles du Parvis, du Lieu Saint et du Lieu très Saint. L'onction est aussi le symbole de la puissance de Dieu qui produit des miracles. Si l'onction est déjà présente dans le Parvis, cela veut dire que les chré-tiens du Parvis peuvent aussi manifester l'onction du Saint-Esprit et même opérer des miracles et autres manifestations de puissance.

D'où, l'onction et les miracles ne sont pas un signe de l'intimité avec Dieu. Même un païen peut manifester sporadi-quement les dons de l'Esprit. De même que l'âne de Balaam avait pu parler, poussé par Dieu, de même il arrive que Dieu utilise Saül qui voulait tuer David pour prophétiser. Ne prends donc pas les dons spirituels comme signe de l'intimi-té avec Dieu. Quand Christ reviendra pour prendre les Siens, c'est avec raison qu'Il nous prévient en disant : « Plusieurs me diront en ce jour-là: Seigneur, Seigneur, n'avons-nous pas prophétisé par ton nom? N'avons-nous pas chassé des démons par ton nom? Et n'avons-nous pas fait beaucoup de miracles par ton nom? Alors je leur dirai ouvertement : Je ne vous ai jamais connus, retirez-vous de moi, vous qui commettez l'ini-quité » (Matthieu 7 : 22-23). Quand on parle de l'intimité avec Dieu, l'accent doit davantage être mis sur le caractère plutôt que sur les dons spirituels. Connaissant la supériorité du ca-ractère par rapport aux dons spirituels, l'apôtre Paul déclare : « Quand je parlerais les langues des hommes et des anges, si je n'ai pas la charité, je suis un airain qui résonne, ou une cym-bale qui retentit... » (1 Corinthiens 13 : 1-2)

Si l'onction n'est pas un signe de l'intimité avec Dieu, l'amour, lui, l'est. La Bible dit que le cœur de l'homme est méchant. D'où l'importance de passer à l'autel des holo-caustes pour détruire la méchanceté, etc. en nous ; puis à la cuve d'airain pour se laisser transformer par Dieu. Comme l'intimité avec Dieu est une affaire de caractère plutôt que d'onction, tu ne dois pas avoir peur de te laisser totalement transformer par Dieu. Certains aiment le péché (ceux qui fuient l'autel des holocaustes), tandis que d'autres refusent de se laisser totalement contrôler et transformer dans leur na-ture profonde par le Saint-Esprit (ceux qui fuient la cuve d'ai-rain)

ACTION DU JOUR : Je dois rechercher la transformation de mon caractère si je veux grandir dans mon intimité avec Dieu.

À méditer : 1 Jean 4 : 7-9

Jour 26

GRANDIR DANS LA RÉVÉLATION DE LA PAROLE DE DIEU

« Je suis ton serviteur : donne-moi l'intelligence, Pour que je connaisse tes préceptes! » (Psaumes 119 : 125)

Aprèsavoir été épuré et purifié à la cuve d'airain et à l'autel des holocaustes, Dieu te conduira dans le Lieu Saint. Là, Il va com-mencer à te parler et à se révéler à toi. Ainsi, tu Le connaîtras de plus en plus. Tu seras éclairé et conduit vers la table des pains de proposition. Le pain de proposition est le symbole de la Parole de Dieu. C'est à ce stade que tu commenceras à comprendre la Bible dans une nouvelle dimension.

Si tu es un chrétien du Parvis, tu éprouveras des difficultés à comprendre la Parole de Dieu par toi-même. Tu n'y arrive-ras qu'au travers des prédications que tu écoutes et peut-être des livres que tu lis. Lorsqu'un chrétien du Parvis lit la Bible, celle-ci est lourde et ennuyeuse pour lui. Il la trouve difficile à comprendre. Dans le Parvis, on comprend la Parole de Dieu de temps à autre. Mais lorsque tu deviens un chrétien du Lieu Saint, tu grandis dans la compréhension et la révélation de la Parole de Dieu. Tu ne seras pas comme l'Eunuque Ethiopien qui avait besoin de Philippe pour lui expliquer les Saintes Ecritures. « Philippe accourut, et entendit l'Ethiopien qui lisait le prophète Esaïe. Il lui dit: Comprends-tu ce que tu lis? Il répondit : Comment le pourrais-je, si quelqu'un ne me guide? Et il invita Philippe à monter et à s'asseoir avec lui. » (Actes 8 : 30-31)

Lire la Bible et la comprendre sont deux choses différentes : tu peux être capable de la lire aisément mais pas de la com-prendre. Car combien de fois les gens lisent-ils la Bible sans la comprendre ou en avoir la révélation? Le secret se trouve dans l'intimité avec Dieu. Dans le Lieu Saint, Dieu nous ac-corde une compréhension spéciale de Sa Parole. Il est écrit : « Les hommes livrés au mal ne comprennent pas ce qui est juste, Mais ceux qui cherchent l'Eternel comprennent tout. » (Proverbes 28 : 5)

Les hommes livrés au mal sont les chrétiens du Parvis et ceux qui cherchent l'Eternel sont les chrétiens du Lieu Saint. Dans le Lieu Saint, les pains de proposition étaient constam-ment renouvelés, il ne devait jamais en manquer. Cela signifie que chaque jour, tu dois te nourrir de la Parole de Dieu. Cela n'est possible que si tu trouves du plaisir à lire, à méditer et à étudier la Bible. « Combien j'aime ta loi! Elle est tout le jour l'objet de ma méditation. » (Psaumes 119 : 97)

ACTION DU JOUR : Seigneur, accorde-moi la grâce de comprendre ta Parole et de faire d'elle chaque jour de ma vie l'objet de ma méditation.

À méditer : Psaumes 119 : 130-131, 162

Jour 27

LA NÉCESSITÉ DE LA FOI POUR EN-TRER DANS LE LIEU SAINT

« Or sans la foi il est impossible de lui être agréable; car il faut que celui qui s'approche de Dieu croie que Dieu existe, et qu'il est le rémunérateur de ceux qui le cherchent. » (Hébreux 11 : 6)

Le Tabernacle de Moïse était en fait une tente divisée en deux pièces : "le Lieu Saint", et "le Saint des Saints" ou "le Lieu très Saint". Le Lieu Saint est donc la première pièce du Ta-bernacle, encore appelé la tente de la rencontre. Les chré-tiens qui y sont, sont agréables à Dieu. Ils marchent par l'Esprit de Dieu. C'est dans le Lieu Saint qu'on a les prémices de la gloire de Dieu; c'est le lieu des saints. C'est aussi le lieu où tu commences à jouir de ton héritage terrestre, en ce lieu tu es un vase d'honneur et le Seigneur arrive à t'utiliser et à travailler avec toi plus aisément.

Pour accéder au Lieu Saint, il y avait un premier obstacle. Cet obstacle était visuel : pour celui qui était à l'extérieur, le tabernacle paraissait laid car Dieu avait demandé à Moise de poser sur le tabernacle des tapis qui n'étaient pas beaux. C'était donc fait à dessein par Dieu afin d'attirer à lui les personnes qui voulaient vraiment Le rencontrer et non pas des touristes qui seraient attirés seulement par une certaine beau-té du tabernacle.

Après donc la cuve d'airain, il y a l'entrée du Lieu Saint. De la cuve d'airain, lorsque tu regardes le tabernacle, tu vois une tente qui n'a aucun attrait. Tu as donc besoin d'avoir une foi ferme pour t'encourager à y entrer. Ainsi, pour quitter le Parvis pour le Lieu Saint, il te faut la foi. Or no-tre texte de base affirme que sans la foi, il est impossible d'être agréable à Dieu, ceci atteste ce qui vient d'être développé.

Ce qui te fait avancer dans le Parvis, c'est ton espérance. C'est cette soif de Dieu, qui t'amènera à passer de l'autel des holocaustes à la cuve d'airain. Mais, si tu n'as pas la foi, tu auras du mal à dépasser la cuve d'airain parce que tu auras perdu la gloire qui vient après : le Lieu Saint. En réalité pour finir avec la cuve d'airain, il te faut avoir déjà la foi. Tu as besoin de la foi pour te laisser transformer et briser. Et si tu n'as pas cette foi, tu risques de te contenter d'une vie chrétienne sans preuve.

Les chrétiens du Lieu Saint ne vivent pas de ce qu'ils voient, mais ils vivent par la foi. Ils n'ont pas eu besoin de voir pour croire, mais ils ont d'abord cru avant de voir pour accéder à la gloire de Dieu

ACTION DU JOUR : Je dois cesser d'être un chrétien qui marche par la vue et demander au Seigneur de m'augmenter la foi afin d'être un chrétien du Lieu Saint.

À méditer : Jacques 2 : 14-26

Jour 28

LAISSE-TOI DIRIGER PAR LA SAGESSE DIVINE

« Ne vous conformez pas au siècle présent, mais soyez trans-formés par le renouvellement de l'intelligence, afin que vous discerniez quelle est la volonté de Dieu, ce qui est bon, agréable et parfait. » (Romains 12 : 2)

Quand on est dans le Parvis, ce qui éclaire c'est le soleil qui est le symbole de la sagesse du monde. La sagesse du monde conditionne ta manière de penser si tu es dans le Parvis. La Bible dit que tel l'homme pense, tel il est. Or, si tu penses comme un païen, c'est que tu es un païen. En réalité, lorsque tu as dé-jà donné ta vie à Christ, tu es devenu un enfant de Dieu.

Cependant, si tu es un chrétien du Parvis, tu seras beau-coup plus guidé par la sagesse du monde. Chaque fois que tu constates que tu recommences à raisonner de façon mon-daine et que le Saint-Esprit ne te parle plus comme avant ou que tu es plus conduit par tes raisonnements logiques que par l'Esprit de Dieu, ressaisis-toi et restaure vite ta communion avec Lui pour retourner dans le Lieu Saint. Il y a des chrétiens qui après avoir quitté la cuve d'airain entrent dans le Lieu Saint. Cependant, incapables de se soumettre aux règles du lieu, ils veulent ouvrir le rideau pour faire entrer la lumière de l'extérieur. La lumière de l'extérieur c'est leur propre sagesse, intelligence ou stratégie etc. Ils sont alors ramenés ip-so-facto dans le Parvis. C'est ainsi que plusieurs chrétiens font des va-et-vient entre le Parvis et le Lieu Saint. Dans le Lieu Saint, il y a un seul chandelier ou une seule lumière qui a le droit d'éclairer. Ce chandelier est le symbole de la sagesse divine. Le Lieu Saint était conçu de façon à ce qu'aucune lumière extérieure ne puisse y entrer, ni la lumière du soleil, ni celle de la lune ni la lumière des étoiles, ni aucune autre source de lumière. Seule la lumière du chandelier éclairait celui qui y entrait pour qu'il se rende à la table des pains de propositions jusqu'à entrer dans le Lieu très Saint.

Les chrétiens du Lieu Saint sont conduits par la sagesse divine, par la Parole de Dieu. Ils expérimentent ce verset de la Bible qui déclare : « Ta parole est une lampe à mes pieds, et une lumière sur mon sentier » (Psaumes 119 : 105). La sagesse divine est de loin supérieure à la sagesse du monde. Fais donc confiance à l'Éternel pour te laisser guider par Sa sagesse. Arrête de conduire ta vie selon les us et coutumes de ton clan ou de ta tribu. Ne te conforme pas au siècle présent, mais laisse-toi transformer par le renouvellement de ton intelligence

ACTION DU JOUR : Je dois laisser la Parole de Dieu conduire ma vie si je désire être un chrétien du Lieu Saint.

À méditer : 2 Pierre 1 : 19

CE QUE JE DOIS RETENIR

POUR CETTE SEMAINE :

1 À la cuve d'airain, Dieu prend le soin de m'aider à renoncer à moi afin d'être prêt à Le suivre ou à Lui obéir malgré tout.

2 Les chrétiens du Lieu Saint sont différents des chrétiens du Parvis au niveau du caractère et de la capacité du renoncement de soi. Voilà pourquoi ils jouissent des plusieurs faveurs divines.

3 Les chrétiens du Parvis vivent dans la distraction, ce qui les empêche de progresser dans leur intimité avec Dieu.

4 L'onction et les miracles ne sont pas un signe de l'intimité avec Dieu, mais plutôt de l'amour de Dieu et du prochain.

5 Plus je grandis dans mon intimité avec Dieu, plus je grandis dans la révélation et la compréhension de la Parole de Dieu.

6 Sans la foi, il m'est impossible d'accéder au Lieu Saint et d'être agréable au Seigneur.

7 Je dois quitter le parvis si je ne veux pas être conduit par la sagesse du monde et me perdre.

NOTES

NOTES

NOTES

Jour 29

LES CHRÉTIENS DU LIEU TRÈS SAINT

« Soyez donc parfaits, comme votre Père céleste est par-fait. »
(Matthieu 5 : 48)

Si le Lieu Saint est le lieu des saints, le Saint des Saints est le lieu où se rencontrent les sanctifiés parmi les saints, autre-ment dit ceux qui sont presque parfaits. Très peu de chrétiens atteignent cette dimension. Généralement, ceux qui l'atteignent entrent dans le conseil de Dieu, qui n'entreprendra, généralement, rien sur terre sans les consul-ter. Très peu, même parmi les héros de la Bible, ont atteint cette dimension. On pourrait citer Hénoch, Abraham, Moïse, Elie et quelques autres. La plupart des autres grands servi-teurs de Dieu sont du « Lieu Saint ».

Mais le plan de Dieu c'est que chacun de Ses enfants at-teigne le Lieu très Saint, la perfection (Jean 17 : 22-23). Ce-pendant, ceux qui atteignent le « Lieu Saint » lui sont déjà agréables. Malheureusement, trop de chrétiens se contentent du « Parvis », parce qu'en ce lieu ils ont déjà le salut, pourtant le Parvis n'est censé être qu'une zone transitoire; il ne permet pas de vivre pleinement une vie de victoire dans le Seigneur. Ceux qui arrivent dans le Lieu très Saint encore appelé le Saint des saints sont très rares. Toutefois, il n'est pas du tout impossible d'y accéder. Le Seigneur m'a confié un jour qu'on pouvait passer une génération entière sans qu'aucune personne n'accède dans le lieu très saint. Moïse et Élie étaient dans le Lieu très Saint. Lorsque Jésus est monté sur la mon-tagne, c'est Élie et Moïse qu'il a rencontrés, ce sont des gens mis à part, qui se trouvent dans le Lieu très Saint. Ils attei-gnent un tel niveau d'intimité que quelques fois la mort phy-sique n'a plus de pouvoir sur eux. Ils sont enlevés vers les cieux avant même l'enlèvement de l'Église. C'est le cas d'Enoch et Elie qui ont été enlevés avant le temps. Ce qui n'est pas péché pour ceux qui sont dans le Lieu Saint peut l'être pour celui-là qui est dans le Lieu très Saint. C'est le cas de Moïse qui fut empêché d'entrer dans la terre promise pour une raison qui peut paraître banale. Les chrétiens du Lieu très Saint sont comme l'épouse de Christ. Le Lieu très

Saint est la chambre qu'ils partagent avec le Seigneur. Ils peuvent y entrer sans permission, sans frapper à la porte. Et si tu as l'occasion de rencontrer des chrétiens du Lieu très Saint, en les voyant, tu auras l'impression de voir Dieu, tellement ils resplendis-sent de Sa gloire.

En Jésus-Christ, accéder aujourd'hui au Lieu (très) Saint est moins compliqué. Cela te demandera juste quelques années, le temps de croître en maturité. Et la maturité t'exige de déve-lopper ta relation avec le Seigneur. Sache que pour entrer dans le Lieu très Saint, trois clés te sont nécessaires : l'adoration, l'amour du prochain et la révélation de Christ.

PRIÈRE : Seigneur, accorde-moi la grâce de payer le prix qu'il faut pour devenir un chrétien du lieu très saint.

À méditer : Jean 17 : 22-23

Jour 30

L'ADORATION DONNE UN ACCÈS AU LIEU TRÈS SAINT

«Mais l'heure vient, et elle est déjà venue, où les vrais adora-teurs adoreront le Père en esprit et en vérité; car ce sont là les adorateurs que le Père demande. » (Jean 4 : 23)

Dans le Lieu très Saint, il y avait quelques ustensiles dont l'autel des parfums. Il se trouvait juste avant le voile séparant le "lieu très saint" du "lieu saint". Selon Hébreux 9, l'autel des parfums se trouvait dans le Lieu très Saint, mais la polémique sur sa position (la plupart des auteurs le décrivent dans le Lieu Saint) vient du fait qu'on n'avait accès à l'arche qu'une seule fois l'an, tandis qu'on devait brûler les parfums sur l'autel tous les jours, matin et soir ; ce qui semblait prêter à confusion.

Mais on comprend mieux à travers ce verset : « Il mettra le parfum sur le feu devant l'Éternel, afin que la nuée du parfum couvre le propitiatoire qui est sur le témoignage, et il ne mourra pas » (Lévitique 16 : 13). En effet la fumée dégagée continuellement par l'autel des parfums empêchait le sacrifi-cateur de voir l'arche, et ce n'est qu'une fois l'an qu'il pouvait traverser cette épaisse fumée pour accéder à l'arche. Lévitique 16 : 13 ne fait que confirmer Hébreux 9 : l'autel des par-fums se trouvait bel et bien dans le Saint des saints. L'encens, fait avec les substances prescrites, était allumé avec du feu pris sur l'autel d'airain. On le brûlait, matin et soir. Il sym-bolisait la prière, l'adoration agréable à Dieu, la prière des saints, et l'adoration qui touche Son cœur. L'autel des par-fums est pratiquement dans le Lieu très Saint et est le voile à franchir pour entrer véritablement dans le Lieu très Saint. Donc l'un des éléments qui te fera entrer dans le Lieu très Saint, c'est l'adoration, symbolisée par l'autel des parfums. Et ce parfum faisait monter d'agréables odeurs auprès du Sei-gneur.

Parlant de l'adoration, tu dois savoir qu'il y a adoration et adoration. Ce n'est donc pas n'importe quelle adoration qui peut te permettre d'entrer dans le Lieu très Saint. Il y a l'ado-ration des païens, l'adoration du parvis, l'adoration du Lieu Saint et celle du Lieu très Saint. Si tu ne le savais pas, les païens aussi croient en Dieu et ils L'adorent à leur manière. Malheureusement, ils n'empruntent pas le chemin du taber-nacle, lequel est Jésus, le chemin, la vérité et la vie. Ils adorent Dieu à travers la religion. Celle-ci leur communique de bonnes attitudes religieuses, mais pas la vie. Car c'est seule-ment en Christ que se trouve la vie.

ACTION DU JOUR : L'adoration doit être mon mode de vie afin de grandir dans mon intimité avec Dieu.

À méditer : 1 Rois 3 : 3-5

Jour 31

L'AMOUR DU PROCHAIN, UNE CLEF POUR DEMEURER DANS LE SAINT DES SAINTS

« Vous avez appris qu'il a été dit : Tu aimeras ton prochain, et tu haïras ton ennemi. Mais moi, je vous dis : Aimez vos enne-mis, bénissez ceux qui vous maudissent, faites du bien à ceux qui vous haïssent, et priez pour ceux qui vous maltraitent et qui vous persécutent. » (Matthieu 5 : 43-44)

Dans ce passage, Jésus nous révèle la clé de la perfection. En effet, le tabernacle est en nous. Le cheminement pour rencontrer Dieu et devenir Son intime est en nous. Ce n'est pas à l'exté-rieur, mais plutôt à l'intérieur de toi que tu découvres Dieu. La Bible dit que Christ en nous l'espérance de la gloire. Ce qui t'amène à la perfection, ce n'est pas quelque chose d'extérieur, à part les œuvres de Dieu que tu peux contempler ; mais plu-tôt ta capacité à aimer, à être patient, à être doux envers tout le monde.

Ce qui facilite l'accès au Lieu très Saint, c'est le travail que tu fais sur toi-même pour faire tomber le voile de l'indiffé-rence. Avant de rentrer dans cette dimension, il est possible que tu connaisses de fortes frustrations de la part des hommes. C'est la victoire que tu auras qui te fera avancer dans le Lieu très Saint. Jésus nous dit de vouloir et de faire du bien à ceux qui nous font du mal, de vouloir leur bien. Ça, c'est un combat qui se passe à l'intérieur de nous. Lors de la crise qu'il y a eu en Côte d'Ivoire, il y avait beaucoup de gens qui étaient susceptibles d'être détestés et haïs. Face à ce di-lemme, j'ai fait la prière suivante au Seigneur : « Tu dis que le pays entrera dans la gloire mais c'est maintenant que les cœurs sont divisés. » Et le Seigneur m'a dit que cette situation de haine et de divisions était propice pour susciter Ses fils, car c'est face aux ennemis que nous arrivons à aimer vrai-ment et à devenir parfaits comme notre Père Céleste.

En aimant nos ennemis, la suite de notre passage de base dit : « afin que vous soyez fils de votre Père qui est dans les cieux; car il fait lever son soleil sur les méchants et sur les bons, et il fait pleuvoir sur les justes et sur les injustes. Si vous aimez ceux qui vous aiment, quelle récompense méritez-vous? Les publicains aussi n'agissent-ils pas de même ? Et si vous saluez seulement vos frères, que faites-vous d'extraordinaire? Les païens aussi n'agissent-ils pas de même ? Soyez donc parfaits, comme votre Père céleste est parfait » (Matthieu 5 : 45-48). L'accès dans le Lieu très Saint s'obtient en aimant, en recherchant le bien de ceux-là même qui nous font du mal. Les intimes de Dieu se révèleront par leur capa-cité à surmonter toutes causes d'amertume et de haine.

ACTION ET PRIÈRE DU JOUR : Seigneur, accorde-moi la grâce d'aimer mon prochain, surtout ceux qui me veulent ou me font du mal.

À méditer : Luc 6 : 27-36

PRIÈRE DU SALUT

Si tu n'as jamais donné ta vie à Jésus-Christ, saisis-en cette opportunité, en répétant la prière suivante avec foi :

Mon Dieu, mon Père Céleste, je viens auprès de Toi au nom de Jésus-Christ. Ta Parole déclare : Quiconque invoquera le nom du Seigneur sera sauvé. Je demande pardon pour mes péchés, je demande à Jésus de venir dans mon cœur et de devenir le Seigneur de ma vie.

Je crois dans mon cœur et je confesse que Jésus est le Seigneur, qu'Il est mort pour mes péchés et que Dieu L'a ressuscité des morts. Je dé-clare que je suis sauvé, je suis né de nouveau, je suis un enfant de Dieu.

Je reçois la vie éternelle dans mon esprit. Maintenant j'ai Christ qui demeure en moi, et Celui qui vit en moi est plus grand que celui qui est dans le monde. Je marche dans la conscience de ma nouvelle vie en Christ Jésus. Amen !

Félicitations !
Tu es désormais un enfant de Dieu. Pour apprendre comment grandir spirituellement, veuille nous contacter à l'une des adresses ci-dessous :

Eglise Vases d'Honneur, Amis des nouveaux 28 BP 1653 Abidjan 28.
Dje Lou Neri : (+ 225) 40583528/Fredy Mehy : (+225) 07937519 ;
Email : adnkodesh@vasesdhonneur.info

PROGRAMME DE LECTURE DE LA BIBLE EN 1 ANNÉE

		MATIN	cochez	SOIR	cochez
MOIS 6	1	2 Chroniques 4-6		Jean 12:20-50	
	2	2 Chroniques 7-9		Jean 13:1-17	
	3	2 Chroniques 10-12		Jean 13:18-38	
	4	2 Chroniques 13-16		Jean 14	
	5	2 Chroniques 17-19		Jean 15	
	6	2 Chroniques 20-22		Jean 16:1-15	
	7	2 Chroniques 23-25		Jean 16:16-33	
	8	2 Chroniques 26-28		Jean 17	
	9	2 Chroniques 29-31		Jean 18:1-23	
	10	2 Chroniques 32-33		Jean 18:24-40	
	11	2 Chroniques 34-36		Jean 19:1-22	
	12	Esdras 1-2		Jean 19:23-42	
	13	Esdras 3-5		Jean 20	
	14	Esdras 6-8		Jean 21	
	15	Esdras 9-10		Actes 1	
	16	Néhémie 1-3		Actes 2:1-13	
	17	Néhémie 4-6		Actes 2:14-47	
	18	Néhémie 7-8		Actes 3	
	19	Néhémie 9-11		Actes 4:1-22	
	20	Néhémie 12-13		Actes 4:23-37	
	21	Esther 1-3		Actes 5:1-16	
	22	Esther 4-6		Actes 5:17-42	
	23	Esther 7-10		Actes 6	
	24	Job 1-3		Actes 7:1-19	
	25	Job 4-6		Actes 7:20-43	
	26	Job 7-9		Actes 7:44-60	
	27	Job 10-12		Actes 8:1-25	
	28	Job 13-15		Actes 8:26-40	
	29	Job 16-18		Actes 9:1-22	
	30	Job 19		Actes 9:23-31	
	31	Job 20		Actes 9:31-43	

PROGRAMME DE LECTURE DE LA BIBLE EN 1 ANNÉE

	MATIN	cochez	SOIR	cochez
1	Ruth 3		Proverbes 1:8-33	
2	Ruth 4		Proverbes 2:1-22	
3	1 Samuel 1:1-2:11		Proverbes 3:1-35	
4	1 Samuel 2:12-4:1a		Proverbes 4:1-27	
5	1 Samuel 4:1b-5:12		Proverbes 5:1-6:19	
6	1 Samuel 6		Proverbes 6:20-35	
7	1 Samuel 7		Proverbes 7:1-27	
8	1 Samuel 8		Proverbes 8:1-36	
9	1 Samuel 9		Proverbes 9:1-18	
10	1 Samuel 10-12		Proverbes 10	
11	1 Samuel 13:1-14:48		Proverbes 11	
12	1 Samuel 14:49-15:35		Proverbes 12	
13	1 Samuel 16		Proverbes 13	
14	1 Samuel 17		Proverbes 14	
15	1 Samuel 18		Proverbes 15:1-29	
16	1 Samuel 19		Proverbes 15:30-33	
17	1 Samuel 20-21		Proverbes 16	
18	1 Samuel 22-23		Proverbes 17	
19	1 Samuel 24-25		Proverbes 18	
20	1 Samuel 26-27		Proverbes 19	
21	1 Samuel 28-29		Proverbes 20	
22	1 Samuel 30-31		Proverbes 21	
23	2 Samuel 1-2		Proverbes 22:1-16	
24	2 Samuel 3-4		Proverbes 22:17-29	
25	2 Samuel 5-7		Proverbes 23	
26	2 Samuel 8-9		Proverbes 24:1-22	
27	2 Samuel 10-11		Proverbes 24:23-34	
28	2 Samuel 12		Proverbes 25	
29	2 Samuel 13-14		Proverbes 26	
30	2 Samuel 15		Proverbes 27: 1-15	
31	2 Samuel 16		Proverbes 27 : 16-27	

MOIS 6

Procurez-vous le prochain numéro

Déjà disponible dans les librairies des églises Vases d'honneur et autres librairies chrétiennes

365 DÉVOTIONS QUOTIDIENNES EN 12 LIVRES

ABONNEZ-VOUS

Les 3 avantages de vous abonner

1. Ne pas rater un seul numéro publié du dévotionnel «Messages pour la Vie»;
2. Être servi en priorité, surtout si le stock est limité ;
3. Economiser votre argent en souscrivant à un abonnement trimestriel, semestriel ou annuel :

ABONNE-MENT	PRIX	AU LIEU DE	ECONOMIE
Mensuel	5.000 FCFA	-	Non économique
Trimestriel	13.500 FCFA	~~15.000 FCFA~~	1.500 FCFA
Semestriel	24.000 FCFA	~~30.000 FCFA~~	6.000 FCFA
Annuel	42.000 FCFA	~~60.000 FCFA~~	18.000 FCFA

Souscription partenaire

Si vous désirez soutenir la distribution gratuite des dévotionnels «Messages pour la vie» dans les écoles, universités, hôpitaux, prisons etc., souscrivez pour donner volontairement un montant de votre choix. Nous vous disons d'avance merci pour votre générosité qui nous permettra d'impacter positivement plus de vies.

Consultez la fiche d'abonnement sur la page sui-vante, détachez-la et renvoyez-là nous dûment remplie.

MESSAGES POUR LA VIE
Fiche d'Abonnement

Prénom : _____

Nom : _____

Pays : _____

Ville : _____

Adresse : _____

_____

Boite Postale : _____

Téléphone : _____

Email : _____

JE SOUSCRIS À L'ABONNEMENT :

☐ Mensuel : **5.000 FCFA** chaque mois
☐ Trimestriel : **13.500 FCFA** tous les 3 mois
☐ Semestriel : **24.000 FCFA** tous les 6 mois
☐ Annuel : **42.000 FCFA** une seule fois pour toute

JE SOUSCRIS AU PARTENARIAT pour la distribution gratuite des livres «Messages pour la Vie».
Montant : _____FCFA

☐ Une seule fois
☐ Chaque mois
☐ Chaque trimestre
☐ Chaque semestre

Signature

Coupez et envoyez-nous la fiche dûment rempli

Printed in Great Britain
by Amazon